AF505661

POLICARPO BONILLA, FUNDADOR DEL PARTIDO LIBERAL DE HONDURAS

(Escritos Tomo II: 1891-1893)

ERANDIQUE

COLECCIÓN

POLICARPO BONILLA, FUNDADOR DEL PARTIDO LIBERAL
(Escritos Tomo II: 1891-1893)
RECOPILADOS POR RÓMULO E. DURÓN

©Colección Erandique
Supervisión Editorial: Óscar Flores López
Diseño de portada: Andrea Rodríguez
Administración: Tesla Rodas—Jessica Cordero
Director Ejecutivo: José Azcona Bocock
Primera Edición
Tegucigalpa, Honduras—Enero de 2026

EL EGOÍSMO PATRIÓTICO

Absurda puede creerse la reunión de estas palabras, pero la hacemos descansar en este axioma cuya verdad nos encargamos de demostrar:

La virtud puede llegar a ser un vicio y el vicio puede convertirse en virtud.

Extraña es esta doctrina y parecerá paradójica; pero con poco que la expliquemos, será fácilmente comprendida y aceptada.

Es indudable que el amor de sí mismo es una virtud, y por eso el suicida es un delincuente a los ojos de la moral; pero casos hay en que es excusado y aun encomiado hasta por los más severos moralistas. Nadie hasta hoy ha puesto en duda la virtud heroica de Lucrecia, quitándose la vida en presencia de su esposo, como único medio de probarle su inocencia en el crimen de que había sido víctima.

Es cierto que el amor al prójimo es una virtud, o mejor dicho, fuente de virtudes; y por eso el homicidio es condenado como un crimen; pero casos hay en que aun la religión y la moral lo justifican, y lo vemos santificado por ellos. El que mata defendiéndose no delinque; y de héroe debe ser apellidado si exponiendo su vida priva de ella a un semejante suyo por salvar la de otro su semejante. Las Sagradas Escrituras santifican la conducta de Judith, sacrificando su honra para quitar la vida al invasor que amenazaba esclavizar y tiranizar a su patria. Muchos son los historiadores y moralistas que ensalzan como virtud heroica la acción de Bruto, asesinando a César, su protector, casi su padre, porque se alzaba con el poder supremo, hollando las instituciones de su patria y matando la República.

El amor de Dios es también fuente de virtudes; y sin embargo hoy, a una voz, condena la civilización las persecuciones y martirios que en nombre de ese amor se han ejercido contra los que le han rendido culto de manera diferente, o a rendirle culto alguno se han negado.

Virtud es el ahorro; y en vicio se convierte cuando llevado al exceso llega a la avaricia.

Virtud es la paciencia; pero en vicio se convierte, cuando un hombre o la sociedad toleran que a su vista el crimen se cometa, y no se enciende en su pecho santa ira que podría ahogarlo en su cuna.

Virtud es la modestia; pero en crimen se convierte, cuando permitimos que otro se adorne con nuestro propio mérito para captarse la confianza pública y envolver en sus redes a numerosas víctimas.

La humildad es también virtud; pero llega a ser perniciosa, cuando exagerada apoca el ánimo del hombre hasta el grado de hacerle creerse inepto para todo y le convierte en miembro inútil de la sociedad.

La ambición puede ser vicio y virtud. Vicio es, y de los más perniciosos, cuando la engendra el egoísmo; y virtud la llamaremos siempre que la encienda el patriotismo. Pero como el amor propio y el de los demás hombres pueden muy bien combinarse, será siempre a nuestros ojos gran virtud, cuando nazca del egoísmo patriótico, que nos hemos propuesto explicar en este artículo.

Según la doctrina evangélica, el hombre debe hacer el bien por el bien mismo, sin esperanza alguna de recompensa. Noble y pura es esta doctrina, pero practicable, si acaso, solo en la vida ascética o contemplativa, logrando reducir al espíritu a la inacción, a una completa pasividad; y aun entonces logrará el hombre engañarse a sí mismo, creyendo su conducta exenta de todo interés, pero teniendo realmente el de agradar a Dios y lograr por ese medio la salvación eterna. En otros términos, privándose de todos los goces de este mundo, en cambio de la eterna felicidad, que es un cambio a la verdad ventajoso.

La predicación de esa doctrina en el siglo XIX puede hacerse solo sin buena fe, porque nadie es capaz de practicarla. Pretenderlo, es condenarse a la inacción, porque al primer paso se caerá víctima del choque de encontrados intereses que impulsan el progreso de la humanidad. Así tiene que ser, porque esa predicación violenta la naturaleza, que nos obliga a ir siempre en pos de nuestro propio bien.

Predicación fructuosa es en nuestro siglo la que se dirige a demostrar al hombre que no puede hallar el bien positivo sino en la virtud, y a encaminarlo a ello tomando como punto de partida su propio interés, la poderosa palanca que mueve el mundo moral. Mejor y más elevada es la doctrina evangélica; pero si halaga la imaginación y arrastra el sentimiento, cuando la razón se impone, hace descender del sueño a la triste realidad; y preciso es que el hombre tenga su espíritu bien templado por la fuerza del raciocinio, para que, desalentado por la impotencia de realizar aquel ideal, no se deje impresionar por esta dura consecuencia: "Si no pudiendo prescindir por completo de mí mismo debo renunciar a la virtud, más vale que me ocupe solo de mí mismo y prescinda en absoluto del bien ajeno." Así se explica por qué los que con más ardor predican la pura moral evangélica, son los que en la práctica con más frecuencia demuestran no tener ninguna idea moral.

Sobre todo, cuando el hombre ha de vivir en sociedad y quiere ser miembro útil de ella, necesita en absoluto una doctrina que, ligando su propio interés (el egoísmo) con el interés general (el patriotismo) le permita hacerse oír y ser comprendido y secundado.

Por eso no condenamos sin distinciones la ambición, como en nuestra tierra es costumbre hacerlo. La ambición puede ser la más noble y la más ruin de las pasiones, según el fin a que se encamina y los medios que se emplean para coronarla. Se despierta desde la infancia, llega a su apogeo en la edad viril, comienza a decaer en la vejez y llega a extinguirse en la senectud; pero el camino que ha de seguir, queda casi siempre fijado en los primeros años de la vida. Es la ambición la aspiración a distinguirse, a sobresalir, a ser el primero entre todos.

El niño o joven que en sus juegos quiere dominar a sus compañeros o en las aulas disputar el primer puesto o conseguir siempre el primer premio, es un ambicioso. Si para lograrlo se vale de la intriga o del engaño, si procura rebajar el mérito de sus competidores para necesitar menor esfuerzo propio para el triunfo, ese abriga una ruin pasión. Si por el contrario se empeña en el trabajo con tesón, y procura más bien estimular a sus rivales para que su triunfo tenga mayor mérito, ese alberga en su pecho la más noble de las pasiones.

Cuando ese niño, hecho hombre, se presenta en el teatro social, se detiene, poco o mucho, a reflexionar sobre su porvenir. Siente aquel aguijón que antes le hizo moverse, y que hoy le impulsa a procurar distinguirse entre sus conciudadanos, como antes entre sus compañeros. Dos senderos se presentan a su vista.

El uno sembrado de flores, que le ha de conducir rectamente al logro de sus deseos, pudiendo llegar por él a la cumbre del poder: el otro cubierto de espinas que le han de mortificar a su paso; rodeado de abismos, que al menor extravío amenazan sepultarle en su sima; y dilatado, tan dilatado, que quizá toda una larga vida no le baste para llegar al objeto que percibió en lontananza.

En ese momento decisivo de su suerte, el hombre vacila. Si es débil, pero honrado, opta por confundirse entre la multitud, que forma la masa social y soporta todas las cargas, sin más esperanza de mejorar su condición que el feliz accidente que pueda sobrevenir de presentarse un redentor.

Si es hombre que quiere el predominio a toda costa, y por saciar su deseo de mando acepta todo medio como legítimo, sigue la senda florida. Comienza por fingir las más modestas aspiraciones, y se arrastra a los pies del poderoso, permitiendo, si es preciso, ser hollado por su planta sin murmurar, para ganar méritos con su falsa humildad. Halaga sus pasiones dominantes para granjearse su amistad, ya que no su estimación; llegando a hacerle sentir, sin entenderlo, que es un hombre necesario.

Es su instrumento o su verdugo a discreción, y su instigador o su cómplice, en cuantos crímenes quiera cometer. Así obtiene los primeros puestos, y siempre lucrando, sube de escala en escala hasta la más elevada. Llegado a la cumbre, entonces da rienda suelta a sus pasiones; y ya sin freno, desarrolla una poderosa voluntad, que no se detiene ni ante el crimen.

Difícilmente un hombre tal se ve detenido en su camino, porque acomoda sus actos a las circunstancias del momento. Puede doblarse, jamás romperse. Virtud individual, bien de su patria, honra nacional, para él nada significan. Con demasiada frecuencia salen de sus labios tales palabras; pero tal vez cuando está próximo a escarnecerlas. Tienen el mismo significado que la lágrima del cocodrilo en el momento de devorar su presa.

Si es hombre que ama la gloria más que el poder, o considera este solo como el mejor de los medios para cimentar aquella, preferirá la senda espinosa. Entrará en ella con ánimo resuelto y decisión bastante para caminar paso a paso, pero en firme, de manera que no necesite nunca investigar si deja cubiertas sus espaldas. Tributa respeto al poderoso por la autoridad de que está investido, pero no toma en cuenta su amistad o su odio para seguir adelante.

Ser objeto de sus invectivas lo considera diploma de honor, e imponerle con su presencia respeto a su persona, justo motivo de orgullo. Bastarse a sí mismo, aunque tenga que conseguir con el más rudo trabajo el pan que ha de llevarse a la boca, es su mayor placer. Captarse la estimación y el respeto de sus conciudadanos, y hacerles decir, aunque sea en voz baja, "este es un hombre de bien," lo considera suficiente compensación de sus pasadas fatigas. Si sobre este pedestal comienza a elevarse; si logra llamar la atención del pueblo y llega a ser para él una esperanza, se siente casi tan complacido como si tuviera el poder en sus manos.

Puede ser víctima de la arbitrariedad: puede verse privado de su libertad o de sus bienes, si los tiene, verse cargado de cadenas o conducido al destierro; pero esto no le hace desmayar, porque sabe aprovecharlo como armas ofensivas.

¿Coronará sus aspiraciones? Si estas fueran solo llegar a ejercer el poder público, rara vez lo consigue; pero si aspira a unir a su nombre la gloria de haber contribuido eficazmente a librar a su patria del despotismo, a meter al Gobierno en el carril del derecho, sí; porque si su vida no alcanza a permitirle verlo realizado, prepara el terreno para que otro hombre prosiga su obra y la termine. Puede sucederle que pierda la vida a causa de su empeño, y ciertamente es lo más malo que puede temer; pero de antemano lo ha tomado en cuenta y resignándose.

Consuélale el pensar que su sangre será vivificadora, pues regará el terreno de donde brotarán muchos otros que sigan adelante en su camino.

¿Cuál es el móvil de la conducta de estos tres hombres?

El egoísmo siempre; censurable en el primero, porque limita sus aspiraciones a la satisfacción de las necesidades de la vida animal; criminal en el segundo, porque rompe todos los vínculos que le unen a la humanidad y se convierte en fiera; y virtud heroica en el último, porque se crea un orden de deseos, de gustos, de necesidades y aspiraciones, cuya satisfacción implica el bien común; y quizá es el tercero el más egoísta, pues hasta en las contrariedades que experimenta, que tanto hacen sufrir a los demás, él goza, porque le proporcionan el placer de la lucha y muchas veces el de la victoria.

El último es el que al encabezar este artículo hemos llamado egoísmo patriótico. Y puede encarnarse, desde el pobre jornalero o infeliz labriego, que deben aspirar a ver garantizado el fruto de su trabajo, hasta el rico propietario, que debe aspirar a ver introducir la administración regular en el Gobierno, para que no corra riesgo su capital, ni encuentre límites para su incremento.

Puede encarnarse también, desde el hombre más ignorante, que aspira a ver a sus hijos salir de tan triste condición, hasta el hombre más ilustrado, que quiera ver germinar en su patria todos los adelantos de la ciencia.

Prediquemos, pues, este egoísmo; y cuando hayamos logrado que penetre en todas las clases sociales, no temamos más que el despotismo pueda entronizarse en Honduras.

9 de enero de 1891.

LA FALSA MODESTIA

Nada es tan pernicioso como el vicio bajo el manto de la virtud.

Muchos males se evitaría la humanidad si cada hombre tuviese en su frente un espejo que reflejase sus ideas y sentimientos. La hipocresía, por imposible, desaparecería del mundo.

Nadie entonces se atrevería a acariciar proyectos criminales o vergonzosos, porque desde el momento mismo de germinar, serían de todos conocidos. Nadie entonces pretendería hacer creer que sus actos se dirigían a un fin noble y elevado, teniendo por el contrario un móvil ruin y mezquino.

Y cuando positivamente un hombre tuviese sanos propósitos y se encaminase a realizar el bien, sería de todos secundado, porque nadie tendría desconfianza, que es fuente de egoísmo.

La falta de ese espejo delator de la conciencia coloca a la humanidad en la triste condición de vivir en constante lucha consigo misma, pretendiendo todos pasar por mejores de lo que realmente son, para poder engañar a sus semejantes, y atraerlos con el prestigio de la virtud, irresistible aún entre bandidos, en ayuda de sus personales miras.

Por eso es tan difícil distinguir al pícaro del hombre de bien; y a fuerza de sufrir crueles decepciones, se llega a apoderar del espíritu el temor de ser siempre engañado, concluyendo por aceptar, como regla de conducta, la poco caritativa máxima: "Piensa mal y no errarás:" máxima inmoral, si por ella sola se quiere obrar en consecuencia; pero útil, si simplemente se emplea como medida de prudencia, absteniéndose de obrar, mientras se logra conocer más a fondo a la persona a quien se aplica.

No se debe inculpar al hombre que, obedeciendo a ese instinto de su naturaleza, trata de ocultar sus defectos; pero si su disimulo es hijo del cálculo, le convierte en hipócrita, tanto más refinado y peligroso, cuanto más se ejercita en su arte.

Por otra parte indudablemente es bueno que el hombre no se constituya en pregonero de sus buenas cualidades o de sus buenas acciones, o en adulador de sí mismo y de sus proyectos; porque el orgullo, la vanidad, la jactancia, son vicios repugnantes. Pero repugna no menos, que una persona, tal vez la más engreída de sí misma, se niegue de palabra las cualidades de que más satisfecha se muestra en sus actos, o se atribuya los defectos que se cree más lejos de tener. Esta es una de las más comunes fases de la hipocresía, que se llama falsa modestia; y se halla en gran privanza, principalmente entre los hombres públicos.

Con harta frecuencia se oye decir a un aspirante al poder: "Yo no tengo ambición, ni me creo apto para desempeñar ese destino;" y tal vez pasa el día y la noche cavilando por hallar los medios de conseguirlo, o pasa su vida arrastrándose a los pies de aquellos de quienes espera puedan ayudarle a procurárselo.

Otro dice: "El poder causa tantos sinsabores, que no vale la pena de maltratarse por obtenerlo;" y cuando ha llegado a sus manos, se ha encariñado tanto con él, que no lo ha abandonado sino a puntapiés; por más que haya estado diciendo que es una pesada carga muy superior a sus fuerzas, que carece de las necesarias aptitudes para desempeñarlo, que le está conduciendo rápidamente al sepulcro su consagración a procurar el bien del país; y que está desesperado por volver a disfrutar de las dulzuras de la vida privada.

Bien se puede tener como regla segura de que un empleado no se crea asegurado en su destino, cuando a todo el que encuentra le dice que está fatigado y ya no puede más; que pronto hará dimisión y jamás volverá a desempeñar cargo público, porque no es propio de su carácter; y que le es necesario atender con más cuidado a su familia y a sus negocios, que tiene abandonados.

Muy común es que el empleado que maneja rentas públicas, y más si las maneja a discreción, diga que el empleo lo ha arruinado; y hace sus cuentas y trata de probar, que antes de entrar a ejercerlo era ya un capitalista (aunque sus riquezas hayan consistido solo en deudas por pagar) y que en el día apenas si tiene con qué atender a las necesidades de su familia.

Y si se hace el inventario de sus bienes se encuentra que de Job se ha convertido en Creso.

¿Cuál es el móvil de tales falsedades?

A veces el hipócrita se propone, no el ser creído, pues a nadie se oculta cuán raros son los Cincinatos por lo mucho que agrada mandar, sino hacer que sus palabras se repitan, por miedo o adulación, y formen parte de ese lenguaje convencional que tiene su origen en las Cortes y se propaga en toda la sociedad.

Otras veces se propone, al negarse las aptitudes, que su oído sea lisonjeado por las más vivas protestas de parte de quienes le escuchan; y siempre es un ardid, muy gastado por cierto, para ocultar los más ambiciosos proyectos.

No en todas partes sucede eso mismo. Si en Francia, en Inglaterra, en Estados Unidos, un aspirante al poder en cualquiera de sus grados o en cualquiera de sus formas, declarase que carecía de aptitudes para desempeñar el cargo, jamás recogería un voto; porque en esos países, donde nadie se avergüenza de pretender servir a su país, tales declaraciones serían tomadas a la letra.

Por el contrario, es costumbre y obligación de todo candidato exponer todo lo que se propone hacer en el empleo a que aspira; y su programa es un verdadero pacto con sus electores, cuya infracción implica la pérdida de la confianza pública y del cargo obtenido.

Entre nosotros, la falsa modestia se ha convertido en una especie de manía, de tal manera que causa extrañeza el no verla usada; y a veces algo más que extrañeza, pues quien no la emplea se ve frecuentemente insultado por aquellos que quieren que la uniformidad en el lenguaje convencional, no permita al pueblo distinguir la verdad de la falsía.

Para esos tales, todo discurso o escrito político debe encabezarse, como es costumbre en los discursos o disertaciones escolares, con estas o semejantes palabras: "Reconozco mi insuficiencia y mi carencia absoluta de méritos; pero me atrevo a dirigirme a vosotros, contando con vuestra bien conocida indulgencia."

A nuestro juicio el remedio para ese mal solo se puede conseguir resolviéndose muchos o pocos hombres a romper tan perniciosa costumbre, de manera que el que pretenda un puesto público cualquiera, diga francamente:

"Lo pretendo porque creo que puedo servirlo bien. Si quienes han de concedérmelo están de acuerdo conmigo, otórguenmelo." Y con eso se ganaría que quien así entre a servir a su país, vaya más comprometido a cumplir con su deber.

Ojalá que fuese posible que todos los empleos se proveyesen en aquel de los aspirantes que probase ser más digno de él, a la manera que en una Universidad bien organizada se obtienen las Cátedras: por oposición.

Entonces desaparecería el favoritismo, porque el verdadero mérito tendría ocasión de abrirse paso aun contra la voluntad de quienes debiesen discernirlo; y no se verían hombres perversos o verdaderas nulidades, cometiendo abusos o errores, que el favor apaña u oculta.

16 de enero de 1891.

POR QUÉ ESCASEAN LOS BUENOS CIUDADANOS

La sustancial distinción que existe entre las monarquías absolutas y las públic

as o monarquías parlamentarias, es que en las primeras solo se encuentran súbditos, y en las otras se hallan ciudadanos.

Este título, que en la antigüedad fue tan honroso como llegó a serlo bajo el feudalismo el de duque, conde o marqués, si en el siglo XIX no da tanto lustre como antes, no ha perdido toda su importancia, porque con el derecho de sufragio que lleva anexo, es la fuente del poder público.

De allí procede que la verdadera república solo existe donde hay verdaderos ciudadanos, y son falsas repúblicas aquellas donde los hay solo de nombre, y por consiguiente donde no existe la efectividad del sufragio.

Varias son las causas por que se falsea esta función del ciudadano y entre ellas las más comunes, la prevaricación y la violencia. La primera con más frecuencia se emplea en los países ricos donde por largo tiempo se ha disfrutado de libertad; pero, como usan de ella con perfecta igualdad los bandos opuestos, el sufragio viene a convertirse en verdadera mercancía, que adquiere el mejor postor; observándose, sin embargo, que en tales países, a pesar de tamaña corrupción, se logra mantener cierto equilibrio, por la ley de la competencia, que da por resultado la verdadera expresión de la voluntad popular, porque los vendedores de votos dan preferencia regularmente al comprador que aboga por la causa de sus simpatías.

En los países pobres, y donde la libertad no ha echado raíces, es la violencia la que está a la orden del día para torcer la voluntad popular, en el acto de hacer uso del sufragio; o si se emplea el soborno, es solo de parte de quienes ejercen el poder, porque para ello disponen de los fondos públicos o de otros muchos medios de seducción y de halago; medios todos que no están al alcance de los hombres que a sus propósitos se oponen.

De parte de estos solo puede suplir tal desventaja el entusiasmo que inspira la confianza en una buena causa.

Nos proponemos estudiar todos esos medios de corrupción del ciudadano, porque consideramos útil señalar al pueblo hondureño los medios francos o embozados de que pueden valerse los enemigos de la república, para extraviar la opinión nacional.

La prevaricación en Honduras es el medio de corrupción que menos se usa sirviendo de aliciente el dinero; y por eso nos basta con anatematizarla como inmoral e indigna del hombre que en algo se estime, ya sea que compre o que venda el voto; ya sea el poder o sus opositores quienes la empleen.

Más frecuente es que el poder se valga del soborno, halagando al elector con promesas adecuadas a sus gustos y necesidades. Por ejemplo, ofrece al uno un empleo, o tal vez el mismo a muchos a la vez, o le ofrece u otorga una concesión o un privilegio, o el indulto de alguna pena que merezca él o alguno de sus familiares, u otras promesas semejantes. Y es de tomarse en cuenta que tales ofrecimientos se hacen casi siempre a intermediarios, por determinado número de votos que se obligan a presentar; y por lo mismo, si llegan a ser aquellos cumplidos, no son los electores mismos quienes sacan el provecho, sino aquel que se ha comprometido a disponer de su voluntad, como el amo de la de sus esclavos. Muchas veces ocurre que los ofrecimientos hechos por el seductor no sean cumplidos, y entonces se oye al burlado lanzar amargas quejas y protestas de no volver a ser tan crédulo; pero no basta para corregirlo, o para que otros se corrijan con tan dura lección: al repetirse las promesas vuelven a ser creídas.

Es de notarse que los halagos que se emplean no son, sino muy rara vez, de aquellos que podrían dar pretexto al sobornado para creer a salvo su dignidad.

No se le dice, siquiera, por ejemplo, que se introducirán mejoras importantes en el país o en la localidad; y se obra bien al obrar así, porque hacer tales promesas, aunque vanas, sería confesar que hay algo malo en la administración de los intereses públicos, y justificar los ataques que, basados en esos vicios o errores, dirijan al poder los opositores; y tal confesión no se permite hacerla nunca el partido oficial.

Cuando el halago no produce fruto, entonces se recurre a la violencia moral. Se dice, por ejemplo, al elector, que si no da su voto en determinado sentido, será considerado como enemigo del Gobierno. Si el elector resiste aún, porque declara que no le importa ese calificativo o no hay razón para aplicárselo, entonces se le explica que aquello significa el peligro de ser encarcelado, o desterrado de su domicilio, o de recibir alta como soldado, o de sufrir en su persona o en sus bienes cualquiera otro mal semejante.

Si el ciudadano es tímido, cede ante tales amenazas.

Si todavía resiste, se llevan a efecto en unos pocos, para que sirvan de escarmiento, como dicen sus verdugos. Y si resiste aun la víctima de su deber, entonces, humillado el martirizador, tiene a su vez que cejar, y lleno de vergüenza, aunque profiriendo nuevas amenazas, procura ocultar su derrota.

Si a pesar de tales medios el poder resulta derrotado, busca y casi siempre halla una solución que nulifique el triunfo de sus adversarios, ya empleando la astucia o el fraude, o la complicidad de los llamados a declarar la elección.

No exageramos ni hay en nuestras afirmaciones nada de inventiva. Todo lo que dejamos escrito se ha visto realizado en Honduras; y ponemos por testigos de nuestra veracidad a los hondureños todos que en muchas épocas lo han presenciado.

El resultado de un triunfo electoral de ese modo obtenido ha sido naturalmente que el favorecido por el sufragio tenga conciencia de que no debe el puesto que ocupa a la voluntad popular, que le es adversa, y que trate de mantener contentos a aquellos a quienes debe su elevación, sin tomar en cuenta la opinión pública, que sabe le condenará y por lo mismo debe mantenerla ahogada.

Se forma, pues, una cadena de superior a inferior, que solo puede romperse por un gran esfuerzo de patriotismo.

Para hacer ese esfuerzo es oportuna la época actual. Es manifiesto el deseo del pueblo hondureño de disfrutar su libertad; y el poder, que ha tenido ocasión de apreciarlo en cuanto vale, no podrá contrariar ese deseo, esa justa aspiración.

La mejor prueba que de ello dará será la reforma de la ley militar que, con muchas de sus disposiciones, hace casi imposible la independencia del ciudadano.

Lo tiene además prometido, y debe cumplirlo. Con la ley militar vigente, que entrega al inferior a discreción del superior, y que en la práctica se hace más dura todavía, se necesita gran energía de carácter y mucha estimación de sí mismo, para que un ciudadano se atreva a cumplir su propia voluntad y no la del jefe militar que le impone la suya.

En otro artículo nos proponemos explicar con detenimiento los vicios de esa ley.

Pero mientras se hace esa reforma, o si no se hace, que los hondureños hagan conocer sin temor su voluntad; pues si llegara el caso de que se les amenazase, y de que se comenzaran a cumplir las amenazas, deben tener presente que no pueden hacerlas efectivas en todos, si son, como serían, muchos los que discordasen de la voluntad oficial, y son, como serían, muchos los que adoptasen la decisión de hacer frente a la autoridad abusiva, para escudar con sus cuerpos a los más débiles, y ser ellos las víctimas de su saña.

23 de enero de 1891.

LA CONVENCIÓN LIBERAL

El 30 o 31 del presente se reunirá por primera vez en Honduras en Convención un partido organizado con entera independencia del poder; y si esto para todos aquellos que no aplauden sino lo que viene de arriba, nada significa, o será tal vez objeto de sus invectivas, para nosotros, y para todo aquel que quiera el progreso de su patria, significa la esperanza de entrar en una nueva senda, la de la lucha civilizada de los partidos, y del nacimiento del espíritu público, que ha de dar en tierra con los despotismos y conquistará las libertades del pueblo.

Si se toma en cuenta que el proyecto de organización del Partido Liberal fue lanzado a mediados de octubre, y que la sublevación militar del 8 de noviembre suspendió todo trabajo para llevarla adelante durante más de un mes, aun los más refractarios habrán de reconocer que mucho se ha logrado en menos de dos meses de efectiva labor, al presentarse hoy los representantes del partido por los departamentos de Tegucigalpa, Comayagua, Copán, La Paz, Choluteca e Intibucá, que lo son, respectivamente, los señores Licenciados don Miguel R. Dávila y don Salvador Aguirre, Dr. don Juan Ángel Arias, don Santiago Cervantes, don Marcial Soto y don Gonzalo Mejía Nolasco. No se tiene noticia aún de quién sea el representante por Olancho, pero deberá concurrir porque está allá también el partido organizado; y se espera que puedan llegar a tiempo los de Colón y Gracias, en cuyas cabeceras se está llevando adelante la organización, y de Yoro, El Paraíso y Santa Bárbara, porque se trata de hacer lo mismo en algunas de sus principales poblaciones.

El principal trabajo de esa Convención será dictar la Constitución definitiva del partido, que sustituirá las bases provisionales bajo las cuales se está organizando, y servirá de lazo de unión entre sus miembros, con absoluta prescindencia de los nombres de las personas que lo dirijan. También declarará la elección ya practicada del Jefe del partido y del candidato que habrá de proclamar para la Presidencia de la República en el próximo período; porque aunque esa declaración debió haberse hecho por los Comités de Tegucigalpa y Comayagua antes del último de diciembre, los obstáculos antes indicados lo impidieron, y aun a la fecha no es conocido el resultado de la votación en los varios departamentos.

Pueden presentarse otras cuestiones de gran interés para el partido, que la misma Convención es la más llamada a resolver.

Los nombres de los representantes que la formarán, en su mayor parte de antecedentes políticos muy limpios y bien definidos, sin una sola mancha en su honra, hacen esperar que sus trabajos serán fructuosos y que su obra será bien acogida por los hombres patriotas y de corazón que hay en Honduras.

No podemos decir que son notabilidades políticas del país, porque se ha dado en llamar tales solamente a las personas que han ocupado importantes puestos en el Gobierno, por más que muchos hayan dado en ellos pruebas de ineptitud y corrupción, o por lo menos de debilidad y cobardía; o que se hayan distinguido, ciertamente, pero solo por los abusos y arbitrariedades de todo género cometidos.

No pretende el partido liberal ni quiere contar en su seno tales notabilidades; pero eso es la mejor garantía de que sus representantes aspiran principalmente al bien del país, por el cual trabajan, pues es bien claro que no han abandonado su hogar con la esperanza de medro o de provecho alguno personal. Su conducta habrá de justificar nuestras afirmaciones. La Convención liberal se hallará en excelentes condiciones para sus trabajos, porque no tendrá enfrente de ella poder alguno que pretenda forzar su voluntad.

Son todos sus miembros liberales convencidos, y no de circunstancias, que tendrán por lo mismo comunidad de propósitos; y no podrá darse el caso, tan frecuente en otras asambleas, de que la conciencia proteste enérgicamente contra el voto que los labios pronuncian; ni podrá quedarles remordimiento alguno por haber sacrificado el bien común a mezquinos intereses de personas o pagando tributo al miedo.

Si, como es de creerse, dada la situación del país, los trabajos de la Convención liberal se terminan tranquilamente, sin habérsele opuesto obstáculos de parte del poder público, nuestra patria habrá dado un gran paso en el camino del progreso, y habrá comenzado a imitar prácticamente, y no como antes solo de nombre, a las naciones más adelantadas en instituciones republicanas. Tales son nuestros votos.

30 de enero de 1891.

LA CONSTITUCIÓN LIBERAL

(De "El Bien Público" número 14.)

El día de ayer fue firmada por la Convención liberal la Constitución del partido, que hoy comenzamos a reproducir.

Ese documento, elaborado en pocos días, si tiene muchos defectos de forma y aun algunos de fondo, que hayan podido pasarse inadvertidos, creemos es la expresión genuina de las convicciones de los liberales que lo han suscrito y de sus representados.

Ninguna obra es completa al salir de las manos de su autor; pero todas son perfectibles, mediante la experiencia. La Constitución del Partido Liberal también irá perfeccionándose por el mismo medio y por la discusión de que indudablemente será objeto. Sus autores han luchado con los inconvenientes de toda obra nueva, pues es esta, al menos que sepamos, la primera Constitución de partido que en Honduras sale a luz.

Nos proponemos ir desarrollando uno a uno los principios y propósitos consignados en ese Código Fundamental del Partido Liberal hondureño, con la mayor claridad que nos sea posible, para que sea debidamente interpretado por nuestros conciudadanos. Con ello cumpliremos nuestro programa de propaganda liberal, así como lo hemos cumplido abogando por la organización del partido, que ya comienza a aparecer como un hecho consumado.

El programa del partido adoptado en esa Constitución no contiene utopía alguna. De las dos partes en que está dividido, la primera se refiere al porvenir, porque implica reformas en la Carta Fundamental de la República; pero son principios adoptados con éxito en muchos otros países poco diferentes del nuestro. La segunda contiene reformas en nuestra legislación por las cuales se puede trabajar desde luego, o reformas en la administración y en la política, que pueden inmediatamente introducirse.

La necesidad y conveniencia de esas reformas son manifiestas y están en la conciencia de los hondureños. No es dudoso, pues, que presten su decidida cooperación al partido que se propone realizarlas, si llega al poder, o trabajar, mientras tanto, por que se lleven a la práctica por los que hoy lo ejercen. Y lo harán, de seguro, porque la experiencia les ha enseñado que solo una agrupación independiente, que sin presión alguna ni interés personal, ha contraído en masa e individualmente un público compromiso de honor por defender una causa, que es la causa del pueblo, se halla en condiciones de obligar a sus mismos miembros a cumplir lo pactado, si les toca su vez de llevar a la práctica lo mismo que han estado pidiendo.

6 de febrero de 1891.

CONSTITUCIÓN DEL PARTIDO LIBERAL

EL PARTIDO LIBERAL, reunido en Convención, de conformidad con las bases para su organización provisional aceptadas de antemano por sus miembros, decreta la siguiente CONSTITUCIÓN.

CAPÍTULO I

Del partido y sus fines

Art. I.-Forman el Partido Liberal todos los ciudadanos inscritos como miembros de él, y todos los que, profesando las doctrinas que en esta Constitución se proclaman, y conformes con sus propósitos, quieran adherirse a él.

Art. II.-El Partido Liberal profesa y procurará popularizar y hacer que se encarnen en las instituciones del país, los siguientes principios:

1.° La inviolabilidad de la vida humana; y por consiguiente, la abolición absoluta de la pena de muerte.

2.° La seguridad individual; y por consiguiente, la debida reglamentación de la garantía de Hábeas Corpus, de manera que en ningún caso haya pretexto para no hacerla efectiva.

3.° La garantía de la propiedad, salvo los casos de expropiación legal, estableciendo severas penas para los atentados contra ella, cometidos por cualquier autoridad.

4.° La libertad de la palabra, debiendo someterse al juicio por jurado la responsabilidad por injuria o por calumnia a que pueda dar lugar; y la libre manifestación del pensamiento por la prensa, sin más responsabilidad que la de calumnia, deducida también ante un jurado.

5.° La libertad de reunión, de asociación, de locomoción, de enseñanza, de industria y de comercio, sin más restricción que la libertad ajena o el conflicto con cualquiera otro de los derechos del hombre.

6.° La libertad religiosa, y en consecuencia, la absoluta independencia entre la Iglesia y el Estado, y la positiva tolerancia de todos los cultos, con tal que sus prácticas no afecten la moral o el orden público.

7.° La igualdad civil y política, con exclusión de todo privilegio; y en consecuencia, la unidad de fuero, sin más excepción que para los militares en campaña.

8.° La mayor extensión del sufragio, debiendo emitirse en votación directa y secreta, con las debidas precauciones para evitar el fraude; y la representación de las minorías por la acumulación de votos en toda la República.

9.° La autonomía del Municipio; y de consiguiente, la independencia de las Municipalidades, en todo lo relativo a los intereses locales.

10. La prohibición de reelección del Presidente de la República, sin haber transcurrido un período igual al en que haya ejercido el poder.

11. La prohibición de reformar la Constitución del país extendiendo el período presidencial, o permitiendo la reelección, o extendiendo las facultades del Poder Ejecutivo, o favoreciendo en cualquier manera la persona del Presidente de la República o de sus Ministros, a menos que tales reformas hayan de comenzar a regir después que haya dejado el poder el gobernante, bajo cuya administración se hayan decretado.

12. La absoluta independencia de los departamentos del Gobierno, de manera que en ningún caso el Poder Ejecutivo se convierta en legislador, ni invada bajo ninguna forma el santuario de los Tribunales de Justicia.

13. Para la independencia del Departamento Legislativo, la prohibición de delegar al Ejecutivo la facultad de legislar en ningún ramo. Las leyes debe hacerlas el Congreso, y tener para ese fin sesiones cada año, que duren el tiempo necesario.

14. Para la independencia del Departamento Judicial, elección popular para designar los Magistrados de la Corte Suprema; nombramiento de los de las Cortes de Apelaciones, por la Corte Suprema; de los Jueces de Letras, por las Cortes de Apelaciones; y de los Jueces de Paz, por los Jueces de Letras, a propuesta en terna de la respectiva Municipalidad.

15. Otorgar a los Tribunales de Justicia la tuición de los derechos y garantías del pueblo hondureño, constituyéndolos de manera que persona alguna, por elevado que sea el empleo que ejerza, pueda quedar fuera de su acción.

16. En general, todos los principios que constituyen la esencia de la República democrático-representativa, y las doctrinas que de esos principios se desprenden.

Art. III.-El Partido Liberal se constituye celoso defensor de las conquistas liberales que ya se tienen escritas en la Carta Fundamental, y en propagandista de las demás hasta lograr que sean adoptadas por el pueblo hondureño en su Constitución y leyes; pero mientras tanto encaminará sus esfuerzos a que se cumplan tal como están escritas, aun en la parte mala que tengan.

Art. IV.-En lo relativo a la política y a la administración del país bajo la vigencia de la actual Constitución, el Partido Liberal trabajará activamente por que se realicen, y llegando al poder realizará los siguientes propósitos:

1.° El mantenimiento de la paz, dentro del orden legal. Para ese efecto, la política exterior será, con relación a las naciones extranjeras, conforme a las reglas del Derecho Internacional; y con relación a las naciones hermanas de Centroamérica, observar la más estricta neutralidad, sin contraer ninguna alianza ofensiva, excepto contra una nación extraña, y alianzas defensivas solo cuando especiales circunstancias lo demanden.

2.° Mantener la integridad del territorio y la honra nacional, sin perder de vista ni cesar de trabajar por la unidad de Centroamérica; para cuyo objeto deben mantenerse y estrecharse cada día más los vínculos fraternales que ligan a estos países.

3.° La efectiva responsabilidad de los empleados públicos, estableciendo severas penas para los infractores de la ley, para los prevaricadores y concusionarios, y tomando más eficaces precauciones contra los individuos de los altos poderes; y la imprescriptibilidad de esa responsabilidad durante el período presidencial en que hayan sido cometidos tales delitos.

4.° Reformas de la ley electoral en términos que quede protegida la efectividad del sufragio; entre otras: la prohibición de paradas o comisiones militares durante los días de una elección, y durante los diez días anteriores; la prohibición de intervenir en las elecciones, directa o indirectamente, de parte de las autoridades, con una penalidad severa para los infractores; la práctica de los escrutinios ante notario u otro ministro de fe; y el derecho de presenciarlos y de prevenir el fraude, por medio de un representante que cierto número de ciudadanos tenga derecho de nombrar.

5.º Reforma en las leyes en que sea necesario, introduciendo la prohibición de desempeñar cargos de elección popular, para toda persona que ejerza empleo de nombramiento o remoción del Ejecutivo; y la prohibición de concentrar en una sola persona empleos civiles y militares.

6.º Reforma de las leyes militares en términos que en el soldado no desaparezca el ciudadano, y que el inferior esté garantizado contra toda arbitrariedad del superior, y sea esta, según su gravedad, circunstancia eximente o por lo menos atenuante muy calificada del delito a que dé origen.

7.º Reforma de la ley de Instrucción Pública, descentralizándola lo más posible, y procurando su difusión en todas las clases sociales, a cuyo efecto el Gobierno estará obligado a subvencionar las escuelas primarias de los pueblos que carezcan de fondos suficientes, y a crear el mayor número posible de escuelas nocturnas y dominicales.

8.º Reformas a las leyes fiscales en términos que aseguren la legítima inversión de los caudales públicos, y faciliten y hagan efectiva la fiscalización de quienes los manejan.

9.º La supresión de prestaciones personales.

10. En general, procurar el bien del país y su progreso en todo sentido.

CAPÍTULO II

De los miembros del partido

Art. V.-Para ser incorporado como miembro del partido, bastará ser presentado a la Junta respectiva por cualquiera de los que ya están inscritos, respondiendo de su sinceridad y honradez.

Art. VI.-Todo miembro del partido deberá prestar la siguiente promesa: "Prometo, bajo mi palabra de honor, cumplir en la parte que me corresponde, la Constitución del Partido Liberal, y todas las disposiciones que en conformidad con ella se dicten."

Art. VII.-Todo miembro del partido, después de prestar la promesa, será inscrito en el libro que se llevará al efecto, previo acuerdo de la Junta respectiva.

Art. VIII.-El miembro del partido que lo desee podrá separarse de él; pero cualquiera podrá pedir que se califique su separación para que se declare si debe ser estimada como maliciosa o fraudulenta, o motivada por inconsecuencia o cobardía, y podrá también ser expulsado del partido, a petición de cualquiera otro miembro, por la pérdida de las condiciones necesarias para serlo, por deslealtad, inconsecuencia u otras causas graves.

Art. IX.-Todos los liberales se reputarán mutuamente como hermanos, se prestarán recíproco y eficaz auxilio en cuanto puedan: la injusta ofensa que de parte del poder público reciba cualquiera de ellos, será reputada como ofensa hecha a todos; y si procediere pedir la reparación de ella ante los Tribunales de Justicia, la Junta respectiva a solicitud del ofendido, designará, de entre los inscritos, el Abogado que ha de gestionar en su nombre sin remuneración alguna. En todo caso, por la prensa de todo el país y por todos los medios legítimos a su alcance, el partido apoyará a la víctima para que obtenga la debida reparación, a cuyo efecto, la Junta que reciba la denuncia, la comunicará a todas las demás.

Art. X.-Podrá también el partido patrocinar la causa de toda persona que sufra violación de derecho de parte del poder público, aunque sea extraña y aun enemiga del partido, siempre que lo estime conveniente o de interés público.

CAPÍTULO III

Del gobierno del partido

Art. XI.-El partido será regido por un Gobierno General y Gobiernos seccionales y locales, cuya organización y atribuciones se determinan en los artículos siguientes:

SECCIÓN PRIMERA

Del Gobierno General

Art. XII.-El Gobierno General será ejercido por una Convención y por el Jefe y Vicejefe del partido.

I

De la Convención

Art. XIII.-La Convención será formada por Diputados electos por las asambleas locales de cada sección de las que se formen. Cada sección elegirá un representante. Sus funciones durarán dos años.

Art. XIV.-La Convención se reunirá cada año el día primero de enero en sesiones ordinarias, sin necesidad de convocatoria, en la capital de la República; y extraordinariamente, cuando sea debidamente convocada. Formarán quórum los dos tercios de los Diputados electos.

Art. XV.-Son atribuciones de la Convención:

1.ª Examinar la conducta del Jefe y Vicejefe del partido, y aprobarla o censurarla, o destituirlos, si hubiere causa justa para ello.

2.ª Declarar la elección del Jefe o Vicejefe del partido, o candidatos para la Presidencia de la República, cuando hubiere habido mayoría en las elecciones primarias; o elegirlo entre las tres personas que hubieren obtenido mayor votación.

3.ª Convocar a las Asambleas locales a elección del candidato para la Presidencia de la República en las sesiones del año anterior al en que expira el período, señalando la fecha en que deben practicarse.

4.ª Dictar todas las disposiciones y providencias que considere oportunas.

5.ª Decretar reformas a esta Constitución.

Art. XVI.-Los actuales representantes a esta Convención terminarán sus funciones el 31 de diciembre del año próximo, para cuya fecha deberán ser electos nuevamente en todas las secciones.

II

Del Jefe

Art. XVII.-El Jefe del partido deberá ser un miembro de él, inscrito como tal con anterioridad.

Art. XVIII.-Se considerará como Jefe desde ahora al que ha sido designado en la elección que se ha practicado; y para sustituirlo, deberá ser electo por mayoría de votos por los miembros del partido, a virtud de convocatoria hecha en forma debida.

Art. XIX.-El Jefe durará en su cargo, mientras merezca la confianza del partido; y podrá ser removido a petición de cualquiera de sus miembros, por la Convención, si se comprobare cualquiera de las siguientes causas:

1.ª Imposibilidad física o perpetua, o renuncia del cargo aceptada por la Convención.

2.ª Traición a la patria o al partido, violación de su Constitución u otra inconsecuencia grave para con este.

3.ª Pérdida de los derechos de ciudadano por condenación a pena de presidio, por cualquier delito no político.

4.ª Domiciliarse fuera del país, o ausentarse de él por causas extrañas a la política, durante más de un año, sin permiso de la Convención.

5.ª Aceptar empleo de cualquier Gobierno que no lo sea de Centroamérica, exceptuando los Consulados.

En cualquiera de estos casos, si el Jefe removido fuere nuevamente electo, será válida su elección, a menos que sean las causas 3.ª y 4.ª y aun subsistan.

Art. XX.-Se suspenderán las funciones del Jefe:

1.° Por llegar al ejercicio de la Presidencia de la República.

2.° Por ausencia durante un término menor de un año, o mayor, con permiso de la Convención.

3.° Por cualquier impedimento físico o moral para ejercerlas, de carácter transitorio.

Art. XXI.-Son atribuciones del Jefe:

1.ª Convocar a elecciones de Vicejefe y a las de candidato para la Presidencia de la República, si faltare tiempo para reunir la Convención.

2.ª Convocar a sesiones ordinarias o extraordinarias a la Convención del partido, y presidirlas con voto decisivo.

3.ª Presentar a la misma todo proyecto que crea conveniente.

4.ª Vigilar la conducta de las Juntas Directivas y de los miembros del partido, y censurarla, o si la gravedad de la falta lo exigiere, convocar la Asamblea respectiva para que la juzgue. En casos urgentes podrá acordar la remoción de aquellas, ordenando nueva elección, o la expulsión de estos.

5.ª Conocer de las quejas contra las decisiones de las Juntas seccionales.

6.ª Decidir la conducta que el partido debe observar en la República, en todo lo que sea de interés general; y dictar reglamentos y todas las providencias que crea oportunas.

7.ª Representar al partido en sus relaciones interiores y exteriores, procurando ponerlo en relación con los partidos de Centroamérica, con los cuales haya la mayor similitud de propósitos.

8.ª Proponer los candidatos para Diputados al Congreso Nacional, o para otros cargos semejantes.

9.ª Conceder o negar permiso a los miembros del partido, para aceptar empleos públicos de carácter administrativo o militar con jurisdicción general o departamental. Solo podrá negarse ese permiso por motivos especiales de gravedad.

10. Delegar las atribuciones 8.ª y 9.ª en las Juntas Directivas seccionales.

11. Convocar a sesiones a las Asambleas departamentales o locales del lugar donde se encuentre, y presidirlas.

12. Dar cuenta de sus actos a la Convención en su reunión anual.

III

Del Vicejefe

Art. XXII.-El Vicejefe será electo del mismo modo que el Jefe del partido, al cual sustituirá en caso de falta o impedimento. Cuando la falta fuere absoluta, convocará a elecciones para reponerlo, a más tardar, un mes después de asumir el cargo. Cuando haga las veces del Jefe, tendrá los mismos deberes, atribuciones y responsabilidades que este.

SECCIÓN SEGUNDA

De los gobiernos seccionales y locales

Art. XXIII.-El gobierno seccional y local será ejercido por Asambleas y Juntas Directivas seccionales y locales.

I

De las Asambleas Seccionales

Art. XXIV.-Las Asambleas seccionales serán formadas por representantes, electos uno por cada Asamblea local. Durarán las funciones de esos representantes un año. Las Asambleas se reunirán cada año, el día primero de febrero, en sesiones ordinarias, y extraordinariamente, siempre que sean debidamente convocadas. Las sesiones serán presididas por la Junta Directiva de la sección. Habrá quórum cuando concurra la mitad de sus miembros; y cualquier número si fuese segunda convocatoria.

Art. XXV.-Las Asambleas seccionales conocerán de todos los asuntos que interesen al partido en la sección; y especialmente de los siguientes:

1.° Rever las decisiones y acuerdos de la Junta Directiva, fiscalizar su conducta y deducirles responsabilidad cuando fuere procedente.

2.° Conocer en revisión de la calificación que la Asamblea local hubiere hecho sobre la separación de un miembro del partido, o de la expulsión que hubiere acordado.

II

De las Juntas Directivas Seccionales

Art. XXVI.-La Junta Directiva de la cabecera de la sección, electa como las Juntas locales, pero compuesta de cinco miembros, un

Presidente, tres Vocales, que presidirán por orden a falta de aquel, y un Secretario y dos Suplentes, será la Junta Directiva de la sección.

Art. XXVII.-La Junta Directiva Seccional tendrá las siguientes atribuciones:

1.ª Convocar a la Asamblea de la sección a sesiones ordinarias y extraordinarias, y presidirlas.

2.ª Cumplir las órdenes que reciba del Jefe del partido o de la Convención, y trasmitirlas a las Juntas locales.

3.ª Ejercer las funciones delegables que le encomiende el Jefe del partido.

4.ª Velar por el cumplimiento de sus deberes de parte de todos los miembros del partido.

5.ª Cumplir y hacer cumplir todos los acuerdos de la Asamblea seccional.

6.ª Conocer de toda queja contra las Juntas locales; y confirmar o revocar sus decisiones.

7.ª Servir de consejo, o cuerpo consultivo al Jefe del partido, para todos los asuntos graves, cuando se encuentre en la cabecera de su sección.

8.ª Dictar todas las disposiciones que interesen al partido en la sección, sin contrariar sus leyes generales.

III

De las Asambleas Locales

Art. XXVIII.-Las Asambleas locales serán formadas por los miembros del partido de cada población donde haya Municipalidad. Tendrán sesiones ordinarias el día primero de marzo de cada año; y extraordinarias, cuando sean debidamente convocadas.

Art. XXIX.-Las atribuciones de las Asambleas locales serán:

1.ª Practicar las elecciones directas prevenidas por esta Constitución.

2.ª Calificar la separación voluntaria de los miembros del partido, o decretar la expulsión cuando encuentren justas causas, todo en votación secreta.

3.ª Resolver todos los asuntos que interesen al partido en la localidad, y dictar toda disposición que crean conveniente, sin contrariar las de sus superiores.

4.ª Examinar los actos de la Junta Directiva local de que deberá darle cuenta, y deducir su responsabilidad si fuere procedente.

IV

De las Juntas Directivas Locales

Art. XXX.-En todas las poblaciones donde haya Municipalidad, la Asamblea Local en su primera sesión elegirá una Junta Directiva, compuesta de tres miembros: un Presidente, un Vocal, que lo sustituirá, y un Secretario; y además dos suplentes, sin perjuicio de lo dispuesto en el artículo XXIII para las cabeceras de sección. Sus funciones durarán un año, contando del primero de enero al último de diciembre.

Art. XXXI.-Las Juntas Directivas Locales tendrán las siguientes atribuciones:

1.ª Convocar a sesiones ordinarias y extraordinarias a la Asamblea Local, y presidirlas.

2.ª Cumplir las órdenes que reciban de sus superiores, y hacerlas cumplir, y darles constantemente informes de todo lo que al partido interese.

3.ª Conceder permiso al miembro del partido que lo solicite para aceptar empleo administrativo o militar, de jurisdicción local; y solo podrá negarlo por motivos especiales de gravedad.

4.ª Velar por el cumplimiento de sus deberes de los miembros del partido; y en caso de separación de alguno, investigar los móviles de su conducta, para informar sobre ella a la Asamblea.

5.ª Servir de mediadora para evitar toda desavenencia, aunque sea por causas extrañas a la política, entre los miembros del partido; o desempeñar las funciones de arbitrador si los interesados lo quieren, en los mismos casos.

6.ª Apoyar y ayudar a todo miembro del partido que sea víctima de un atentado de parte del Poder Público; y requerir el apoyo y ayuda de todos los miembros del partido, si fuere necesario.

7.ª En general trabajar por el ensanche y vigorización del partido, y dictar todas las providencias que le interesen, sin contrariar sus leyes generales.

CAPÍTULO IV

Del Tesoro

Art. XXXII.-Para atender a las erogaciones del partido, se recaudarán fondos entre los miembros del mismo, por suscripciones voluntarias periódicas y extraordinarias.

Art. XXXIII.-Los fondos serán enterados:

1.º En una Tesorería General en la capital de la República, desempeñada por un Tesorero que designará el Jefe del mismo; y en ella ingresarán las suscripciones que para ella se hagan directamente, y las contribuciones que acuerden las Juntas Seccionales, para los gastos que exija el interés del partido en todo el país.

2.º En las tesorerías seccionales, desempeñadas por Tesoreros nombrados por las Juntas Directivas seccionales; y en ellas ingresarán los fondos que directamente se recauden, y las contribuciones que acuerden las Juntas Locales, para los gastos que ocurran en la sección.

3.º En las Tesorerías Locales, desempeñadas por Tesoreros que nombrarán las Juntas Locales; y en ellas ingresarán los fondos que directamente se suscriban.

Art. XXXIV.-Todo gasto, para ser legítimo, deberá ser acordado y ordenado por el Jefe del partido, o acordado por la respectiva Junta y ordenado por su Presidente, según los casos.

Art. XXXV.-El Tesorero General rendirá sus cuentas ante el Jefe del partido, y este las acompañará con su memoria a la Convención. Los Tesoreros seccionales y locales las rendirán ante las respectivas Juntas; y estas las acompañarán con sus memorias a las Asambleas.

Art. XXXVI.-Ninguna cantidad que no proceda de suscripciones de los miembros del partido podrá ingresar al Tesoro, sin previa orden del Jefe o Junta respectiva.

CAPÍTULO V

Del Territorio

Art. XXXVII.-Para todos los fines del partido, el territorio de la República se considerará dividido en secciones y pueblos.

Art. XXXVIII.-Se considerarán desde ahora como secciones del partido las siguientes: Los departamentos de Tegucigalpa, Comayagua, La Paz, Olancho, Gracias, Colón, Las Islas, Copán e Intibucá, las secciones judiciales de Choluteca, Nacaome, Yuscarán, Danlí, Santa Bárbara, San Pedro, y los círculos de Yoro y Olanchito. Podrán después formarse nuevas secciones, a solicitud de varias poblaciones limítrofes que entre todas cuenten inscritos por lo menos quinientos miembros, y acuerdo del Jefe del partido; o por disposición de este sin aquel requisito, cuando motivos graves lo exigieren.

Art. XXXIX.-Los pueblos serán todos aquellos que tengan Municipalidad.

Art. XL.-En las aldeas, las Juntas Directivas nombrarán agentes del partido, para que cumplan sus órdenes e instrucciones.

CAPÍTULO VI

Disposiciones generales

Art. XLI.-En todas las elecciones que el partido o sus delegados deban practicar, el escrutinio será secreto y por cédulas.

Art. XLII.-La fecha para la práctica de toda elección ordinaria por las Asambleas generales, será el primer domingo de diciembre, a menos que esté expresamente señalada otra fecha, o que el Jefe del partido acuerde anteponerla o posponerla.

Art. XLIII.-Si por cualquier accidente una elección dejare de practicarse oportunamente, el delegado del partido que debió reponerse, continuará funcionando hasta que aquella se practique.

Art. XLIV.-Todo cargo en el partido deberá ser desempeñado por miembros de él.

Art. XLV.-Toda votación en Juntas o Asambleas del partido será decidida por mayoría absoluta; y las resoluciones de la mayoría obligarán a los miembros disidentes o ausentes.

Art. XLVI.-En los casos en que no esté determinado el número de miembros que debe formar el quórum, se entenderá suficiente la mayoría de los miembros que deben formar el cuerpo; y si a la primera convocatoria no se obtuviere ese número, se celebrará la sesión con los que concurran.

Art. XLVII.-El Jefe del partido y las Juntas Directivas procurarán formar una biblioteca, con todos los periódicos que puedan obtener y las obras que consideren de interés para sus fines. Esas bibliotecas estarán a disposición del público.

Art. XLVIII.-Todo período para ejercicio de cargos del partido se contará del primero al último día del año.

Art. XLIX.-Las Juntas Directivas seccionales y locales tendrán sesiones ordinarias, cuando su Presidente las convoque.

Art. L.-Un número de miembros que no baje de la quinta parte, podrá convocar extraordinariamente a la Convención, Asambleas y Juntas, cuando el llamado a convocarlas se niegue a hacerlo, o se trate de deducirle a él mismo responsabilidad.

De las reformas a esta Constitución

Art. LI.-Solo la Convención del partido podrá acordar reformas a su Constitución con dos tercios de los votos; y mientras tanto cualquier vacío que se note, será llenado por los reglamentos generales que dicte el Jefe, o los seccionales y locales que dicten las juntas respectivas.

CAPÍTULO VII

Disposición transitoria

Los Comités y Subcomités Directivos que están actualmente funcionando continuarán hasta concluir su período con los nombres y atribuciones determinados en esta Constitución. Los que se elijan en adelante, funcionarán por el tiempo que falte.

Artículo final.-La presente Constitución comenzará a regir el primero de marzo del corriente año, y sustituirá a las bases provisionales que para la organización del partido se habían adoptado.

Dada en Tegucigalpa, a los cinco días del mes de febrero de mil ochocientos noventa y uno.

POLICARPO BONILLA,
Jefe del partido.

LOS REPRESENTANTES A LA CONVENCIÓN:
MIGUEL R. DÁVILA, Representante por Tegucigalpa.

SALVADOR AGUIRRE, Representante por Comayagua.

SANTIAGO CERVANTES, Representante por La Paz.

GONZALO MEJÍA NOLASCO, Representante por Intibucá.

MARCIAL SOTO, Representante por Choluteca.

RÓMULO E. DURÓN, Representante por Copán

UN INCIDENTE PARLAMENTARIO

En la última sesión preparatoria que celebró el Congreso, actualmente reunido, se dio cuenta con el dictamen de la Comisión encargada de examinar la credencial del Diputado por Tegucigalpa, Licenciado don Dionisio Gutiérrez, en el cual los comisionados indicaban al Congreso para que resolviese si era motivo de nulidad, pero sin dar su propia opinión, la circunstancia de aparecer las firmas "P. Bonilla" y "José María Reina," que eran entonces respectivamente Gobernador y Comandante de Armas de este departamento. El Congreso resolvió que la credencial era válida, porque no hay en la ley sanción de nulidad para el acto consumado. No es nuestro propósito terciar en la discusión sobre nulidad, sino explicar la conducta de nuestro redactor y del General Reina, que maliciosamente por unos, y por falta de antecedentes por otros, se ha censurado.

El Gobernador organizó la junta de agentes y entonces hizo presente al Directorio electo que era agente por el pueblo de Maraita, donde el candidato que él y sus correligionarios habían propuesto obtuvo sólo 52 votos contra 140 del oficial; y preguntaba si podía retirarse. Igual manifestación hizo el General Reina, agente por Santa Lucía, donde el candidato liberal obtuvo 65 votos contra 102 del oficial. La junta, contra el voto de los señores Reina y Bonilla, resolvió que se quedasen, por no ser motivo de nulidad. Entre los agentes se encontraban el Diputado Matute Brito, uno de los que firmaron el dictamen a que nos referimos, que si es requerido por sus compañeros, no lo negará. El señor Bonilla pensó y dijo que aunque dejara un pretexto para anular la elección del Diputado Gutiérrez, antes debía exponerse a perder el fruto de las labores de su partido que a la suposición que sus contrarios harían de que retirándose desobedecía a la junta, porque quería robar los votos contrarios que contenía el acta del pueblo que representaba. Igual reflexión hizo el Comandante Reina. Nadie pidió que salieran; y por el contrario, se les obligó a quedarse.

¿Cómo es censurable la conducta de esos empleados? ¿Será por exceso de delicadeza? Aceptamos entonces la censura, porque hemos podido ver que no se toma mucho en cuenta por los adversarios, y no puede ser comprendida; pero a pesar de eso así volvería a proceder todo empleado liberal. Y tómese además en cuenta que las agencias fueron conferidas a los señores Bonilla y Reina antes que la necesidad, por causa de la sublevación de Sánchez, los llevase incidental y temporalmente de la oposición al poder.

Aprovechamos la ocasión para indicar otra circunstancia referente a la conducta del Gobernador Bonilla, que forma contraste con la de otro señor Gobernador bien conocido. Citó muchos días antes a todos los agentes; no organizó la junta hasta que, mandándolos llamar especialmente, logró que se reuniesen todos; y cuando quedó funcionando como agente, su única intervención fue suplicar al Directorio que incorporase la votación del pueblo de Marale, toda contraria al candidato liberal, que por habérsele traspapelado el acta presentó el agente don José Ferrari, ya practicado en borrador el escrutinio.

Todos estos hechos constan al Director de Rentas señor Muñoz, Presidente del Directorio; al señor Ferrari ya mencionado, Oficial Mayor del Ministerio de Hacienda; y a otros varios empleados que figuraron en la junta.

6 de febrero de 1891.

ABOLICIÓN DE LA PENA DE MUERTE

Hemos prometido ir analizando y desarrollando los principios proclamados en la Constitución liberal, y comenzamos a cumplirlo. El que mereció lugar preferente fue la inviolabilidad de la vida humana.

No hemos introducido una novedad al consagrarlo, pues fue consignado en la Constitución de 1873, que nunca llegó a promulgarse, y lo está en la que actualmente rige. Pero en ésta más bien parece un sarcasmo, porque una disposición transitoria permite que la pena de muerte quede subsistente hasta que en Honduras se establezca un régimen penitenciario; lo que equivale a decir que la vida humana, aunque sagrada, puede quedar pendiente de la mayor o menor malicia, de la mayor o menor desidia de los gobernantes, o de la abundancia o escasez de recursos del país.

En 1887, siendo Diputado nuestro Redactor, tuvo la honra de proponer la abolición absoluta de la pena de muerte; pero su proyecto pasó a comisión, y a pesar de sus esfuerzos no logró que la Mesa obligase a la comisión a emitir su dictamen.

No sabemos que después se haya hecho otra tentativa; pero ha sonado la hora de que tan elevado principio se convierta en verdad. Ha sido costumbre en la mayor parte de los países latinoamericanos aplicar y ejecutar la pena de muerte en los reos políticos, usándose con frecuencia del derecho de perdón en favor de los reos comunes, aunque lo hayan sido de crímenes atroces; pero ya en Honduras se logró una vez romper tan inmoral sistema.

La sublevación del General Sánchez es, en su género, el mayor crimen político que en este país se ha cometido; y sin embargo, sus autores fueron todos perdonados. Después de ese acto de indulgencia, a nadie se pudo matar en nombre de la ley.

Así lo comprendió el Presidente de la República al prometer abolir (iniciar la ley debe entenderse) la pena de muerte; y el realizarlo toca al actual Congreso, en el cual, creemos, no habrá un solo voto en contrario.

Será ésta una ley que podrá dictarse por aclamación, pues a cada Diputado consta que ese es el sentimiento del pueblo hondureño, que siempre ha visto con horror levantarse el cadalso.

Teniendo esta convicción, innecesario creemos abrir discusión sobre la moralidad o inmoralidad de la pena de muerte, sobre su necesidad o conveniencia, pues si el país entero la rechaza no debe existir.

Mantenerla sería un crimen. Quítese, pues, cuanto antes ese borrón de nuestras leyes.

Sí conviene examinar cómo debe ser esa pena sustituida. Indudablemente debe serlo con la más severa de las demás, y lo es la de presidio mayor en su grado máximo. No obstante, creemos que el límite de esa pena, que no excede de diez años, es muy bajo para sustituir la de muerte, y debe elevarse a quince años.

Para seguir el mismo sistema de nuestra legislación vigente, debería dársele un nombre a esa nueva pena, y no podría ser otro que el de presidio mayor; pero eso obligaría a introducir reformas en las escalas graduales, y a la revisión de todos los artículos del Código en que la ley la establece, para evitar que por el aumento de su duración resultase desproporcionada al delito. Y como esa revisión exige largo y detenido estudio, conviene mientras tanto determinar sólo, sin darle nombre, la nueva pena con que debe sustituirse la de muerte.

Tomando en cuenta estas razones, sometemos a pública discusión el siguiente proyecto de ley.

EL CONGRESO NACIONAL DECRETA:

Artículo 1.º — Queda abolida en absoluto la pena de muerte; y no podrá aplicarse ni aun en estado de guerra o de sitio, legalmente declarados. En todos los casos en que la ley la impone, será sustituida por la de diez años y un día a quince años de presidio.

Art. 2.º — Para la aplicación de esta pena se seguirán las reglas establecidas por la ley para todas las penas divisibles.

Art. 3.º — Todo empleado que aplique y todo aquel que ordene la ejecución de la pena de muerte, si se ejecuta, será reo de asesinato. — Dado etc.

Hemos introducido en la redacción que precede la explicación de que la pena de muerte no podrá imponerse ni en estado de guerra o de sitio, porque se tiene por muchos la creencia de que entonces el

Gobierno tiene poder para todo, menos para cambiar los sexos, como se dice del Parlamento inglés; y de no consignarlo sería tal vez hacer ilusoria la importante conquista que el país va a hacer.

Presentamos nuestro proyecto simplemente como base de discusión; y no pretendemos por lo mismo que sea lo mejor.

13 de febrero de 1891.

LA MEMORIA DE HACIENDA

No habiendo publicado este documento previamente, sentimos no poder analizarlo para emitir sobre él nuestro juicio que quizá sería de alguna utilidad para la comisión actualmente encargada de dictaminar sobre él, y para el Congreso Nacional al resolver sobre la improbación o aprobación de los actos del Poder Ejecutivo en el Ramo de Hacienda.

Tenemos, sin embargo, a la vista el informe del Director de Rentas, correspondiente al año económico de 1889, del cual, al recibirlo, ofrecimos ocuparnos con algún detenimiento; y como es uno de los anexos de la memoria, creemos este el momento más oportuno para emitir nuestro juicio, aprovechando los preciosos datos que contiene.

Llama ante todo nuestra atención el exceso en la producción de 1889 sobre 1888, que fue de $ 242.985.38; lo que demuestra claramente, a la vez, que hay positivo progreso en el país y mayor actividad y celo en la recaudación de las rentas públicas.

La cifra de la producción excedió a la presupuesta por el Congreso en $ 311.772.34; y debería creerse que esta cantidad quedó como existencia para el año siguiente, o que el Poder Ejecutivo, usando de las facultades que le confirió el Congreso, hubiese invertido ese sobrante en obras de verdadera utilidad pública; pero quienquiera que se haya formado esa ilusión al leer esa parte del informe, habrá sufrido una cruel decepción al seguir leyéndolo.

Dice a renglón seguido el expresado informe que "aunque la recaudación llegó a una altura superior a todo cálculo, no bastó a cubrir las erogaciones del servicio público;" y en efecto, los números lo prueban. El presupuesto de gastos decretado por el Congreso, sin duda alguna para ser respetado, está representado por la cifra de $ 1.227.902.75. El gasto efectivo ascendió a $ 2.142.897.94 y por consiguiente se gastó fuera de presupuesto la suma de $ 914.995.19.

Para atender a ese gasto se hizo uso de la existencia anterior $ 25.777.81, del exceso en la producción antes indicado, y se aumentó la deuda interior con la emisión de $ 341.816.88, y el empréstito en varias formas de $ 229.419.50, que en general representa un enorme gravamen para el país por las primas e intereses contratados, éstos con frecuencia al alto tipo del dos por ciento.

¿Y qué inversión se dio a esa suma gastada fuera del presupuesto? El informe nos lo dice de esta manera: exceso en la amortización de la deuda flotante $ 3.335.87; pagos en cuenta corriente fuera de los cálculos del presupuesto, $ 597.312.27; cuyas dos partidas, si bien fueron satisfechas desautorizadamente y tuvo en ello culpa el Poder Ejecutivo, por no haberlas consignado en el proyecto de presupuesto que presentó, la tuvo también el Congreso al aceptar aquel proyecto incompleto, pudiendo haber previsto el déficit, trayendo a la vista los datos que debe haberle suministrado el anterior informe de la Dirección General de Rentas. Pero el resto de $ 314.347.05 para completar el déficit, que en el informe se llama "Exceso de gastos en el servicio público," necesita atenta investigación, no sólo por los cuadros presentados, sino en sus menores detalles, para saber si positivamente el servicio público exigía las erogaciones que motivaron el déficit, sobre todo si se toma en cuenta que ni siquiera fueron cubiertas en efectivo todas las partidas previstas en el presupuesto, sino en parte con Billetes del Tesoro, y que aun se quedó adeudando por sus sueldos considerable cantidad a los empleados.

A este respecto es más autorizada que la nuestra la opinión del Director General de Rentas, quien dice en su informe que "por más que progrese el rendimiento de las rentas, el aumento de producción, por asombroso que sea, jamás será lo bastante para sujetar las erogaciones, dentro de un plan económico, al riguroso balance." Y en seguida agrega: "Así que en los ramos de Fomento y Guerra el exceso de los gastos se presenta cuantioso y digno de atenta observación por parte del Gobierno, con el fin de descartar para en lo sucesivo gastos superfluos que rompen el sistema y esterilizan los mejores esfuerzos."

Y nosotros decimos al Congreso: "Aprovechad esa indicación y buscad los gastos superfluos a que se refiere el Director; y para ello tenéis que pedir los comprobantes de todas las partidas de gastos extraordinarios en cualquiera de los Departamentos de Gobierno, y de todas las partidas que, aunque no tengan ese nombre, se hallen fuera del presupuesto; pues sólo con ellos a la vista, podréis juzgar si se ha dado legítima inversión a los caudales públicos. Y aunque esperamos y deseamos que no encontréis nada criminal, se necesita precedente para que el Poder Ejecutivo pueda estar seguro de que no podrá gastar ni un ochavo, sin que se juzgue de la legitimidad de la erogación."

"Si así lo hacéis, romperéis el pernicioso sistema establecido de hecho, de recibir las cuentas al Ejecutivo, en globo, pro forma; y de aprobarlas casi siempre sin entenderlas. Si así lo hacéis podremos tener esperanza los hondureños de llegar a regularizar la Administración Pública, de manera que el exceso de las rentas se invierta, manteniendo ante todo el crédito del país en el interior, en obras de pública utilidad bien reconocida, no estando distante el día en que pudiese con sus propios recursos comenzar a formar la red ferrocarrilera que le ha de traer el verdadero progreso y prosperidad y permitirle recobrar su crédito exterior."

El examen, aunque ligero, que hemos hecho del informe de 1889, y las indicaciones que sobre él dejamos expuestas, pueden aplicarse al informe de 1890; que según se nos dice presenta un exceso de producción mucho mayor, pero, a la vez, y para nuestra desgracia, un exceso también mucho mayor en los gastos fuera de presupuesto, que pasa de un millón.

Antes de concluir, nos permitiremos indicar: que entre los cuadros acompañados al informe de 1889, se encuentra uno en que aparece entregada al Presidente de la República la suma de $ 116.792.23, por gastos en los diversos ramos del servicio público; y deduciendo los $ 18.000 que en el Presupuesto tiene asignados por sueldos y gastos de representación, no encontramos explicación alguna para la entrega de los $ 98.792.23 restantes. Por nuestras leyes no tiene el Presidente atribuciones de oficina pagadora; y se explica que no las tenga, porque no puede exigirle cuentas el Tribunal respectivo, y queda fuera de toda fiscalización la inversión que pueda darles a los fondos que recibe. Nosotros pensamos que hay en esto sólo vicio de forma, que importa sin embargo corregir para lo futuro, y que habrán recibido legítima inversión; pero el informe de la Dirección de Rentas en que tal cuadro figura, y ha circulado con profusión dentro y fuera del país, no la demuestra; y creemos conveniente, necesario, para el decoro de la nación, que se encuentre la satisfactoria explicación que necesita, la cual dará seguramente con placer el Presidente Bográn, si el Congreso se la pide, como no dudamos lo hará, y aun sin que se le pida.

20 de febrero de 1891.

ESTUPENDA CONFESIÓN

El número 341 de "La República," periódico ministerial, trae un artículo titulado "Honduras," en que su autor ensalza con justicia todas las ventajas con que la naturaleza ha dotado a nuestra patria. Habla de sus amplios y fértiles valles, de sus elevadas y pintorescas montañas, de sus ricos minerales, etc., etc.; todo lo cual ofrece ancho campo a la industria, y abre las puertas de un venturoso porvenir. Opina que para aprovechar tales ventajas se necesita trabajar porque se abran buenas vías de comunicación y se favorezca la inmigración. Hasta aquí de acuerdo con el colega, pero agregamos: se necesita economizar las rentas públicas para invertirlas en tales empresas.

Dice también que es preciso no esperarlo todo del Gobierno y salir de nuestra inacción. También de acuerdo; y por ello vivimos abogando, pues queremos que el pueblo hondureño pierda la costumbre de dejar hacer al Gobierno lo que quiere, y que por el contrario le haga comprender su propia voluntad, para que la cumpla. Esa es la labor que hemos emprendido, y esperamos darle cima.

Concluye diciendo: "¿Acaso no son estas nuestras ideas y tendencias? De ninguna manera. Nosotros ponemos todo empeño en llevar una vida completamente desocupada, de manera que nos quede libre el tiempo para entregarnos incondicionalmente a la política, comenzando por afiliarnos a uno de los partidos militantes (al nacional), no precisamente porque tengamos convicciones propias en estos o aquellos principios políticos, sino por el deseo de que nuestro nombre figure por algún concepto en la sociedad." ¡Estupenda confesión! Ciertamente no seremos nosotros quienes desmintamos al círculo oficial, que así habla por boca de un Ministro.

Eso mismo hemos venido afirmando y repitiendo en artículos anteriores; pero no teníamos la esperanza de verlo confesado por nuestros adversarios.

Parece que al fin se resuelven a hablar con franqueza al pueblo hondureño.

Por nuestra parte les diremos: que por huir del mal que les aqueja, vivimos de nuestro propio trabajo; que consagramos una parte de nuestro tiempo a la política, porque es deber de todo ciudadano; que aspiramos a figurar por el concepto de patriotas, y desechamos, cuando la ocasión se nos presenta, el hacernos notar por la falta de convicciones sobre los principios políticos que defendemos, ocupando empleos que pudieran hacernos perder nuestra independencia; y esto lo hemos probado con los hechos.

20 de febrero de 1891.

EL PARTIDO NACIONAL

Ayer se reunió la que ellos llaman convención. Después de algunas vacilaciones, parece que al fin se decidieron por reducir la votación a los Diputados que en Santa Bárbara se proclamaron por sí y ante sí Jefes de partido. Se había hablado de bases orgánicas o constitución del partido y de un reglamento; y parece que ambos documentos estaban preparados.

Pero en la sesión de ayer se prescindió de tales nimiedades, y se acordó proceder inmediatamente a elegir el candidato. La mayoría favoreció al honorable don Ponciano Leiva. Lamentamos que éste deba su candidatura a un procedimiento tan informal, que no puede haber dejado satisfechos, aun a sus mismos amigos, si son de los que quieren tener voluntad propia y no aparecer como meros instrumentos.

El señor Leiva tendrá inconvenientes, pero tiene méritos propios, para que su candidatura pudiera lanzarse al país con libertad e independencia; y lanzada ahora por el egoísta y estrecho círculo oficial, se hará solidaria con él por el vicio de su origen, y participará del desprestigio en que lo han hecho caer tantos errores cometidos, aunque él personalmente no sea responsable por ellos. Se creerá dentro y fuera del país, que sus vínculos personales con el actual Presidente y sus compromisos de Candidato oficial, le obligarán a seguir la misma política que hoy se sigue, porque es bien conocido como hombre consecuente.

Lo repetimos. Lamentamos, por la estimación que profesamos personalmente al señor Leiva, la fuente de su candidatura, y sobre todo el tener que considerarle como adversario del Partido Liberal.

Cuando nos sean conocidos los detalles de la sesión, los publicaremos con gusto, limitándonos por ahora a agregar: que los señores Doctor don Remigio Díaz, Licenciado don Alberto Membreño y Licenciado don Gregorio Reyes se han separado ya del Partido Nacional, y que se anuncia la separación de muchos otros que sin duda se han convencido de que no es ni puede ser un partido político, y han visto en la llamada Convención una mera Junta de notables, como las que ya se han visto en Honduras y casi en todo

Centroamérica, compuestas por los íntimos amigos o familiares del Gobernante, o sus empleados más adictos.

20 de febrero de 1891.

EFECTIVIDAD DE LAS GARANTÍAS INDIVIDUALES

En los números 2 y 15 de la Constitución del Partido Liberal está consignada su aspiración a que en la Carta Fundamental se consignen principios que el Legislador no pueda vulnerar. Se aspira a hacer constitucionalmente inviolable la seguridad individual, por la garantía de Hábeas Corpus, y los demás derechos del hombre, por la tuición que de ellos se conceda a los Tribunales de Justicia.

Pero mientras tanto, es preciso que sea la ley secundaria la que provea a la efectividad de las garantías individuales. Será el dar esa ley uno de los grandes bienes que al país dejará el actual Congreso.

Expondríamos nuestras propias ideas sobre la materia, formulando el proyecto de ley, si la Corte Suprema de Justicia no hubiese presentado uno al Congreso, el cual hemos tenido a la vista. Por no proceder de ligero, reservamos hacer su juicio crítico para el próximo número; limitándonos por ahora a hacer notar algunos de sus defectos más salientes, aunque sin formular ninguna enmienda.

En general, encontramos que el proyecto tiene buen método y provee a todos los casos en que pueda ser necesaria la intervención de los Tribunales de Justicia, para restablecer el imperio de la Constitución y de las leyes, que han sido violadas.

Observamos, sin embargo, que el procedimiento adoptado es muy dilatorio, atendida la urgencia que casi siempre implican los atentados que se trata de prevenir; a menos que se provea de una manera más eficaz, que como lo hace el proyecto, a la suspensión del acto reclamado.

Buena nos parece la revisión por la Corte Suprema, de toda sentencia pronunciada en tales asuntos; pero con tal que ese Tribunal quede sujeto a la responsabilidad que se establece para el inferior, y que no puede eludirse conforme a la Constitución. Si la sentencia de ese Tribunal es la que produce ejecutoria, es preciso evitar que quede sin ningún respeto ni temor al pronunciarla, para evitar el caer en el despotismo judicial, que debemos temer tanto o más que el de los demás Poderes Públicos.

Creemos necesario que se provea no sólo a la reparación del atentado, sino también a la manera de hacer efectivo el castigo del culpable. Se establece que en caso de ser desechado el ocurso de amparo, el reclamante incurrirá en una multa de cincuenta a quinientos pesos. Y tal disposición no está en armonía con nuestra legislación. Si en otro país se ha consignado, tal vez allá se haya adoptado como regla penar a todo el que pierda un pleito; pero entre nosotros la única pena es la condenación en costas, cuando aparece haberse litigado con notoria falta de derecho.

Ni en el recurso de casación, cuando es desechado, se ha establecido la multa que existe en la legislación española; y aun el acusador por un crimen, por horrendo que sea, en caso de no probarlo, no tiene responsabilidad, si acusa por injuria propia; y mucho menos debe penarse al que procura se le restituya al estado de derecho, de que cree habérsele sacado, si su solicitud no tiene éxito, más de una vez quizá, porque ha encontrado obstáculos para comprobar sus afirmaciones, procedentes del hecho mismo de que es víctima.

No hallamos la debida eficacia en los medios de acción que se otorgan al Tribunal para llevar a efecto la sentencia, cuando el atentado ha sido cometido por autoridad no judicial; y por el contrario, vuelven a quedar las garantías individuales pendientes del capricho de una autoridad administrativa.

Debe investirse a los Tribunales de Justicia del poder necesario para obligar al funcionario abusivo a respetar sus decisiones.

Estas observaciones las desarrollaremos al indicar concretamente las reformas o enmiendas que a nuestro juicio necesita el proyecto; lo cual, así como otras observaciones de menor importancia, o defectos de forma, serán objeto de otro artículo.

De todas maneras aplaudimos el celo de la Corte Suprema de Justicia al proponer una ley, cuya necesidad ha sido palpitante en Honduras; y principalmente por haber sabido escoger esta ocasión, que creemos la más propicia para hacer conquistas en favor de las instituciones. Confiamos en que igual celo desplegarán todos y cada uno de los señores Diputados porque se emita una buena ley; y que no olvidarán la lección que la historia nos presenta, en el toro de Falaris, fabricado para atormentar a las víctimas del tirano, y en el cual sufrió el tormento su inventor.

27 de febrero de 1891.

EL CONGRESO NACIONAL

Profunda tristeza ha causado en Honduras a todo corazón patriota el ver generalmente desiertas las galerías del salón de sesiones; pues eso ha probado claramente el ningún interés que el pueblo se ha tomado por las resoluciones de sus representantes. Y ha tenido razón de sobra, porque, con raras excepciones, nuestros Congresos no han sido sino simulacros de representación nacional, y en verdad, sumisos servidores del Poder Ejecutivo, y de sus personales miras.

Distinto juicio habríamos formado del actual Congreso, por el hecho sólo de ver siempre llenas las galerías, ocupándolas personas de todos los partidos y clases sociales, aunque no tuviésemos noticia, como la tenemos, de varias resoluciones dictadas, que prueban que en esta vez puede esperarse que los representantes del pueblo no se olvidarán del todo de que lo son.

La primera discusión importante que se suscitó fue sobre un acuerdo del Gobierno, haciendo al Código de Policía las siguientes reformas: 1.ª, restringiendo el derecho de portar armas. 2.ª, designando como Inspector de esta Capital y Villa de Concepción al Comandante de la Gendarmería, y confiriéndole atribuciones judiciales.

No seguiremos la discusión, ni emitiremos juicio, sobre la conveniencia o inconveniencia de esas disposiciones, porque sería extemporáneo; pero sí vamos a examinar la cuestión de su inconstitucionalidad, que se trató a la ligera, y según nuestro modo de ver, sin tocar su parte esencial.

Nosotros presentamos así la cuestión. ¿Tenía el Poder Ejecutivo delegada la facultad de legislar en el ramo de Policía? Y si la tenía, ¿era positivamente del ramo de Policía el acuerdo?

Contestamos la primera pregunta negativamente; porque si bien el Congreso de 1889 emitió el decreto delegando todas las facultades delegables, según la Constitución, cuando el Poder Ejecutivo hizo uso de ellas, no estaba ese Decreto promulgado, y lo fue hasta muchos meses después.

Pero aunque el decreto hubiese estado promulgado, la parte del acuerdo gubernativo en que se crea un empleo judicial y se señalan sus atribuciones, es del ramo de Justicia, y para legislar en este ramo no permite la Carta la delegación.

Nuestra opinión está conforme con resoluciones de la Corte Suprema de Justicia, en que se han anulado varios procesos iniciados por el Inspector que creó dicho acuerdo, fundándose la nulidad en la inconstitucionalidad de la ley de que nos ocupamos, por los motivos que dejamos expresados. A esas resoluciones fue debida la promulgación del decreto del Congreso que hacía la delegación de facultades.

Por consiguiente creemos que el Congreso debió improbar la disposición gubernativa que se discutía, en absoluto, por inconstitucional. Y creemos además, que si, a juicio del Congreso, debe quedar restringido en los términos del acuerdo el derecho de portar armas, debe emitir la reforma de nuevo, porque si fue nula en su principio, nula será siempre, sin poder convalidarse con la posterior aprobación. Para que esa disposición sea ley, es preciso que sea iniciada por quien corresponde, y debatida y decretada, conforme a la Constitución y reglamento de la Cámara.

La segunda cuestión importante debatida ha sido la circular que en otro lugar publicamos.

CIRCULAR. — "Tegucigalpa: 7 de octubre de 1891. — Señor Gobernador Político del departamento de.....................

— Las noticias transmitidas al Gobierno en los últimos meses transcurridos, acerca de algunos delitos atroces que se han perpetrado en algunos departamentos, sin haberse obtenido, hasta ahora, el esclarecimiento de sus autores, ha llamado seriamente la atención del señor Presidente de la República, quien, deseoso de mantener, en toda su plenitud, la seguridad individual, y de que la justicia quede satisfecha, me ha ordenado decir a Ud. lo siguiente: si por desgracia se cometieren en ese departamento crímenes de la naturaleza indicada, tales como asesinato, robo, incendio, etc., y Ud. se penetrase de la ineficacia de la autoridad judicial para descubrir a los autores e imponerles su condigno castigo, valiéndose Ud. de los medios de investigación que su reconocida prudencia le dictare, procurará con la mayor diligencia el esclarecimiento de los delincuentes, los cuales enviará Ud. a esta capital, con la investigación seguida, a fin de que el Gobierno pueda disponer lo más conveniente en este asunto que, con justa razón, alarma a la sociedad desde hace algunos días. — De Ud. atento S. S. — Gómez."

No necesitamos comentarla, porque basta su lectura para comprender cuán atentatoria es. Felizmente fue improbada por inconstitucional. No obstante, durante la discusión oímos la opinión de que por estar posteriormente derogada por el Gobierno mismo (aunque la derogación no se publicó) no necesitaba improbación; y nosotros creemos que el hecho sólo de haberse comunicado, y mucho más habiendo sido publicada, implicaba la violación de la Constitución, y el Congreso debía improbarla para que no se repitiese el caso. Su derogación sólo podría influir en la mayor o menor responsabilidad de su autor, según que se haya hecho antes o después de que se haya aplicado por algún Gobernador, y según la gravedad del mal causado. Sabemos que se puso en práctica en este departamento, varios meses después, por el Gobernador Sánchez, y se nos asegura que en otros departamentos también se aplicó.

Se sometieron, a virtud de moción de un Diputado, al examen del Congreso varios acuerdos, entre otros, algunos en que el Gobierno hizo algunas regalías; pero se acordó por mayoría que no merecían especial consideración. Nosotros no sabemos si los señores Diputados que así votaron entendieron que quedaban aprobados, o si creyeron que quedaban fuera de resolución al aprobar la memoria en globo.

Si lo segundo, entendemos que han caído en un error, el cual sabrán rectificar al tratarse de las otras memorias; pues habiéndose sometido a la consideración del Congreso actos determinados, ya que no por el Ministro, por un Diputado; su negativa a considerarlos implica, si no la aprobación, al menos la duda. De muchos que así votaron, sabemos que al fijar su atención en estas consideraciones, en vez de huir la discusión la provocarán.

Si lo primero, nos limitaremos a preguntar a los señores Diputados lo que harían en el caso de que un administrador de sus intereses presentase en sus cuentas la partida de una donación de objeto o cantidad hecha en su nombre. ¿Diría en algún caso que no merecía ser tomado en consideración?

No obraría así aunque su administrador estuviese facultado para hacer donativos, porque investigaría si en aquel caso lo había hecho convenientemente; pero mucho menos dejaría de examinarlo, si el administrador no estuviese para ello facultado, como sucede en el caso que al Congreso se presentó, pues ni la Constitución ni ley alguna autorizan al Poder Ejecutivo para donar la propiedad nacional. Fíjense los señores Diputados en que en el puesto que ocupan representan al pueblo tomando cuentas a su administrador, y deben proceder como procederían tratándose de intereses propios. La generosidad con lo ajeno no es virtud: es un crimen.

A pesar de la opinión adversa que hemos formado sobre varias de las resoluciones del Congreso, consideramos hasta ahora suficiente compensación para formar buen concepto de ese alto cuerpo las que han merecido el aplauso general.

Esperamos que en el curso de las sesiones, y a medida que se vayan acostumbrando a la práctica de la libertad, que vayan perdiendo el miedo, o por lo menos timidez, naturales después de pasados despotismos, los Diputados se elevarán a la altura de su deber, y querrán poder decir al cerrar el Congreso sus sesiones: "Hemos consolidado la República."

¡Ojalá no tengamos que rectificar!

27 de febrero de 1891.

NO MÁS ESCLAVITUD EN HONDURAS

El artículo 8 de nuestra Constitución dice: "El esclavo que pise el territorio hondureño quedará libre. El tráfico de esclavos es un crimen."

Cualquiera que lea este hermoso principio consagrado en nuestra Carta Fundamental creerá que en Honduras la esclavitud es imposible; pero incurrirá en grave error.

Hay en el departamento de Yoro una raza desgraciada, los Xicaques, tribu aborigen, que no ha alcanzado todavía los beneficios de la civilización y que ha sido mirada con mucho descuido unas veces, con demasiado fingido celo otras, por los Gobiernos del país.

Es una tribu pacífica, sumisa, que habitaba en la primera mitad de este siglo en los bosques, pero que fácilmente logró reunir en diversas poblaciones el virtuoso misionero Subirana, inculcándole sanas doctrinas del cristianismo, y cuantos más hábitos civilizados es posible inculcar a una generación salvaje. Fueron aquellos para esa tribu los buenos tiempos, porque aquel hombre justo se ocupaba positivamente de su felicidad, y era él quien en verdad la gobernaba, recibiendo de las autoridades un eficaz concurso, pero sin ejercer la perniciosa influencia que después la ha reducido a la miserable condición en que hoy se encuentra.

Posteriormente, unas veces las autoridades han abandonado esta tribu completamente a sus propias fuerzas, dejando que se perdiese en su mayor parte el fruto de la misión civilizadora del padre Subirana, que llevó a cabo con sacrificio de su vida; y otras se han ocupado sólo de explotarla indignamente, sirviéndose de ella como de un excelente medio de rápido enriquecimiento, pues, para su desgracia, en el territorio que habitan se produce la tan codiciada planta, la zarza, que ha costado la vida a centenares de sus miembros.

No sabemos de cierto cuál fue el primer Gobernante a quien se ocurrió nombrar un tutor a los indios xicaques, tutela que después se anexó al Gobernador del departamento.

Pero sí sabemos que esa disposición fue el principio de ignominiosa esclavitud para esa infeliz tribu.

So pretexto de que ellos no conocen el valor del dinero, ni son aptos para manejar sus propios negocios, ha sido el tutor el intermediario para todas sus transacciones; y con frecuencia, como es natural, el único comprador de la codiciada raíz, que en un principio arrancaban por su voluntad, pero que después se les ha obligado a arrancar, cuando ellos comenzaron a negarse a hacerlo, por haber comprendido, a pesar de su ignorancia, que se les engañaba cruelmente al comprarles el artículo.

No podemos afirmarlo como cierto, porque nos ha faltado tiempo para recoger datos precisos; pero lo que dejamos dicho se asegura públicamente, y se agrega: que con mucha frecuencia un tercio de zarza que produce al comprador más de un centenar de dólares, es pagado al infeliz indio con unas pocas varas de manta, u otra friolera semejante, cuando se les paga; y que con harta frecuencia se les obliga a conducirlo sobre sus hombros hasta Trujillo, o Tela, más de cincuenta leguas de camino, sucediendo a veces que lleguen con la frente llagada por el bambador que usan para soportar la carga. Es también muy frecuente que durante el corte de la zarza perezcan muchos infelices indios por las mordeduras de las víboras, que por desgracia abundan en los lugares donde esa planta se produce. Y también se les obliga a prestar rudo trabajo en hacer grandes rozas para provecho ajeno, quitándoles regularmente el tiempo para hacer sus propias siembras, lo cual les obliga con frecuencia a alimentarse con raíces. Si todo esto no es cierto, ha valido la pena, sin embargo, de que el Gobierno hubiese ordenado una investigación, por lo mucho que, de público y hace largo tiempo, se viene diciendo.

Mas aun teniéndolo por no probado, es no sólo posible sino fácil que suceda, hallándose tan sencillas gentes entregadas sin amparo alguno en manos de su tutor, que es además la primera, y a veces la única autoridad departamental, cuya influencia aun sobre nuestros infelices pueblos civilizados es de todos conocida como casi incontrastable.

Basta, pues, que sea posible, para que se trate de poner remedio a la triste condición de esa parte de pueblo hondureño, que debe considerarse peor que las antiguas encomiendas de indios que se concedieron a los primitivos colonos; porque entonces el encomendero siquiera procuraba civilizarlos, y no faltaban sacerdotes que les consolasen y ayudasen a soportar su pesada carga; mientras que entre los Xicaques no se ve una escuela, ni sacerdote alguno que al menos trate de indicarles los medios de salir de tan miserable estado.

Es su situación peor aún que la del esclavo, porque a éste su amo tenía obligación de proporcionarle el sustento y grande interés en que un excesivo trabajo no le condujese al sepulcro, privándole del valor que para él representaba; mientras que al tutor de los indios no importa saber cómo se alimentan, ni si los mata la fatiga. Bástale aprovecharse del fruto de su trabajo mientras desempeña el cargo.

Hasta aquí nos hemos detenido en consideraciones del orden moral. Vamos a hacer ahora las que nacen del derecho.

Nuestra Constitución en su artículo 6 garantiza iguales derechos a todos los habitantes de la República; y en ninguna de sus disposiciones hace distinción en contra de las tribus selváticas. Por consiguiente éstas son iguales ante la ley a los demás hondureños, y no pueden establecerse, sin violar la Carta, odiosas distinciones.

El estado inculto en que se encuentran da al Gobierno mayores obligaciones; pero no le autoriza para ponerles en tutela, ni para tolerar que ésta se ejerza de hecho por las autoridades.

En consecuencia, creemos que es tiempo ya de que se dirija una mirada compasiva hacia esos desgraciados hermanos nuestros, que gimen en la dolorosa esclavitud de la ignorancia, a la vez que la sufren en sus personas. Aplaudimos el generoso proyecto de ley presentado por el representante del departamento de Yoro, señor Lozano; y confiamos en que el Congreso lo acogerá con el entusiasmo que debe inspirarle una obra de caridad. Pero no deberá parar allí. Deberá en seguida dictar las necesarias disposiciones para proteger los primeros pasos de los nuevos ciudadanos que va a crear, y para procurarles los medios más eficaces de civilización.

Ante todo deberá procurarse que formen de nuevo poblaciones los que se han dispersado en las montañas; y para lograrlo, serán buenos medios halagarles con el obsequio a cada familia de cierto número de cabezas de ganado, a fin de convertirlos por de pronto en pastores, que es el primer paso de la civilización, y después impulsarlos a la agricultura.

A la vez se deberán fundar en todas sus poblaciones escuelas de ambos sexos, se les deberán enviar sacerdotes honrados que con su ejemplo y predicación les hagan crear afición por la vida civilizada; y se podrá también traer a la capital cierto número de jóvenes de ambos sexos, para que reciban la conveniente instrucción, y después de aprender un oficio, vuelvan al seno de los suyos a propagar sus conocimientos.

Es apenas concebible que haya un Diputado que se atreva a oponerse a tan noble proyecto, sobre todo si se toma en cuenta que el Congreso está compuesto en su mayoría de miembros del partido Progresista. Vamos a comenzar a ver si vale más llamarse así, que ser Liberal. Comienza la lucha de emulación entre los dos partidos, que tanto deseábamos. Veremos cuál de los dos cumple mejor su misión, cuál da mayores pruebas de patriotismo, cuál, en fin, es digno de dirigir los destinos del país. El Partido Liberal lanza su reto, y espera que el Progresista lo recogerá.

2 de marzo de 1891.

PROGRAMA DEL PARTIDO PROGRESISTA

A continuación reproducimos con las observaciones que nos ha sugerido, el programa del Partido Progresista, como hoy se llama el extinguido Partido Nacional, con más o menos o igual propiedad, pero quedando sustancialmente el mismo. Nosotros que nos preocupamos poco de los nombres y buscamos la esencia de las cosas, no nos detendremos en disputa de palabras, y nos ocuparemos de los hechos.

I
Observancia de la Constitución
COMENTARIO

"Nuestra actual Constitución consagra los principios, derechos y garantías fundamentales de la República democrática. En esa Magna Carta, se dan facultades suficientes al Poder Público para mantener el orden y promover el bien, y, a la vez, se garantizan los derechos más sagrados de la colectividad y del individuo. ¿Qué buscaríamos fuera de la Constitución? Apenas hay en ella dos artículos (que después se mencionan) dignos de reforma. ¿Qué necesitamos? Que se cumpla. A ese cumplimiento debe dedicar sus esfuerzos políticos el Partido. Respetar las leyes y amar nuestras instituciones. He aquí nuestro programa político. Una agrupación de ciudadanos, poderosa por su número y condiciones, que, dando el ejemplo del respeto a la ley, esto es, de cumplir sus deberes y de hacer respetar sus derechos, es un verdadero partido político que apoya la legitimidad, que ataca toda tiranía y protege toda libertad. La experiencia enseña que buscar la libertad fuera de la ley, es ir directamente a la tiranía. El partido compuesto de ciudadanos libres, respetará y apoyará al Poder Público, en tanto que ese poder se ejerza por la ley. Cuando su ejercicio esté fuera de la ley, el partido protestará enérgicamente contra él."

OBSERVACIONES

Ninguna objeción encontramos que hacer a este artículo del programa ni a su comentario. El Partido Liberal desde antes había proclamado el respeto a la Constitución y a las leyes, queriendo que se cumplan, aun en la parte mala que tengan. Aspira a mejorarlas, porque todo lo humano es defectuoso, y por lo mismo perfectible; y se esforzará por conseguirlo: ha consignado ya en su Constitución las reformas que desea y por las cuales trabajará.

Si los dos partidos están conformes a este respecto, se preguntará: ¿por qué razón están divididos? Porque no tienen entre sí aquellos vínculos que infunden la mutua confianza; porque cada uno de ellos cree que el otro hace sus protestas sin buena fe.

Así, el Partido Progresista dirá: que los liberales, porque no están en el poder, ofrecen tanto, pero que una vez en él no cumplirían: y a eso sólo puede contestarse: que si el pueblo hondureño se ha convencido de que esos hombres, siguiendo el camino trillado, podrían hallarse al lado del que manda y participar del poder, y a pesar de eso han preferido mantenerse independientes, y entrar en lucha con ese mismo poder, corriendo todos los riesgos consiguientes en un país no constituido, por lograr para su patria libertad, entonces el pueblo creerá en su sinceridad y les prestará su apoyo, aunque sólo sea porque entonces un Gobierno con tal origen, por inconsecuente que fuese, mucho debería cumplir de lo ofrecido, para poder mantenerse.

En cambio el Partido Liberal dirá: que estando formado el Progresista principalmente y casi sólo por empleados del Gobierno o participantes de sus beneficios, el pueblo sabe de sobra a qué atenerse sobre lo que ellos llaman observancia de las leyes, que equivale a decir: "aplíquense cuando sea de provecho para nosotros, reservándonos el derecho de violarlas siempre que nos convenga;" y aunque habría quizá exageración en esto, porque muchos de ese partido sinceramente la deseen, mucho tiempo deberán estar probando que han entrado en la vía del arrepentimiento, para ser creídos.

En todo caso desde que el partido Oficial (Progresista) adopta un programa, y un buen programa por cierto, hace la explícita confesión de que aquello es lo bueno, lo legítimo, lo patriótico, y lo contrario criminal, dando a sus adversarios (que por su parte lo habían dado ya) el derecho de hacer notar al pueblo toda inconsecuencia en que incurran. Se entra desde luego en la lucha decente del patriotismo, de la honradez, y se condena la antigua y muy usada máxima: "El Gobierno lo ha dicho, el Gobierno lo ha hecho, luego es bueno."

II
Alternabilidad Presidencial
COMENTARIO

"El período presidencial durará cuatro años. No debe permitirse la reelección sucesiva. El Partido no quiere que el libre sufragio corra peligro eligiendo al que está en el poder. No debe vincularse, bajo ningún concepto, la vida e intereses de la República, en la vida e intereses de un hombre. Además, el pueblo, cuando sabe que, por el libre voto, puede remover el despotismo presidencial, combate ese despotismo, no en los campos de batalla con las armas en mano, sino en los comicios, fuerte con su derecho."

OBSERVACIONES

Ninguno de los hombres del Partido Liberal ha pretendido jamás que sólo hay en Honduras un hombre capaz de regir sus destinos. Si ahora ha proclamado un candidato, lejos está de creer que no cuente en su seno muchos hombres que valgan tanto o más que él; y su elección ha sido debida a circunstancias especiales, que en manera alguna le son personales. Esta convicción es la mejor garantía de alternabilidad en el ejercicio de la Presidencia que el partido pueda dar; pues como ninguno de sus miembros reconoce a su candidato absoluta superioridad sobre los demás, cualquiera que sea la opinión que de sí mismo tenga ese candidato, tendrá que doblegarse ante la voluntad de la mayoría de los ciudadanos que lo apoyen.

En cambio, el partido que hoy se llama Progresista, ha reelecto ya una vez al actual Presidente; y recordamos que en una Junta de notables en que la reelección se acordó, se prodigaron argumentos para probar que era el único hombre capaz de gobernar bien el país.

Por lo demás reconocemos como muy sana doctrina la consignada en este comentario; y el Partido Liberal ha probado ya en momentos bien difíciles para el Gobierno, que preferirá siempre la lucha dentro de la ley y procurará remover el despotismo, no en los campos de batalla, con las armas en la mano (que sólo ha tomado para defensa del Gobierno) sino en los comicios, fuerte con su derecho, con tal que se le mantenga abierta la puerta para entrar en la lucha electoral.

III
Instrucción popular. — Escuela Normal. — Escuela de Artes y Oficios.
COMENTARIO

"La República democrática reconoce que todo poder público emana del pueblo. En consecuencia, exige mayor suma de conocimientos populares. Pero nuestro sistema de instrucción carece de base y es inadecuado. No tenemos maestros idóneos y es preciso tenerlos. Debemos formar hombres dignos de ser republicanos, porque son y pueden vivir libres e independientes. Debemos también colocar la enseñanza popular al alcance de las clases más pobres. De aquí la necesidad de una grande escuela normal y otra de Artes y Oficios, donde un niño de cada sexo, perteneciente a cada término municipal de la República, reciba por cuenta del Estado una conveniente educación que le coloque en aptitud de elevar a su pueblo y de difundir conocimientos útiles."

OBSERVACIONES

Nada tenemos que objetar a la teoría; pero sí recordamos al Partido Progresista que hace siete años se viene hablando de lo mismo, y aun no tenemos los maestros, que tanto se necesitan, porque nunca se ha fundado la prometida Escuela Normal: que con grandes sacrificios para el Erario Nacional se trajeron de España varios profesores, muchos de ellos verdaderamente idóneos, y que éstos se han regresado sin haber prestado ningún servicio al país o permanecen aquí sin la debida ocupación, y sin haberse dado todavía explicación alguna sobre las causas que han impedido recoger el fruto de aquellos sacrificios. Y con tal sistema no concebimos cómo se pueda mejorar la enseñanza. Por nuestra parte sólo nos explicamos tan negativo resultado, reconociendo que ha habido y hay en algunos de los hombres de ese partido, y especialmente en su Jefe, buenos deseos en favor de la instrucción popular, y buen principio de ejecución, pero falta de energía para llegar hasta el fin.

IV
Elección popular de Vicepresidente
COMENTARIO

"He aquí una reforma a la Constitución que el Partido, en ocasión oportuna, debe empeñarse en introducir. El Presidente de la República es y debe ser electo popularmente. Es una facultad privativa del pueblo en una República democrática. En consecuencia, el Vicepresidente, el que, por ministerio de la ley, debe ejercer el Mando Supremo, en defecto del Presidente electo, debe tener el mismo origen. Sólo así queda perfectamente garantizado el principio democrático de que "Todo poder público emana del pueblo.""

OBSERVACIONES

Ciertamente es un gran lunar de nuestra Carta Fundamental, la manera cómo establece la sustitución del Presidente de la República. Ese lunar fue una inconsecuencia con los demás principios proclamados, debida a intereses personales del Gobernante. Mas el Partido Liberal no considera cuestión grave de principios, una vez borrado ese lunar, el resolver si se debe elegir un Vicepresidente, o adoptar el sistema de sacar el sustituto de entre cierto número de designados por el Congreso, como se practica en Nicaragua, y se practicaba en Honduras misma, bajo la anterior Constitución.

V
Reducción del servicio militar obligatorio desde 21 a 30 años
COMENTARIO

"Es otra reforma que el partido procurará introducir en la Constitución. Actualmente el servicio militar obligatorio se extiende desde los 18 hasta los 45 años. Es un lapso de tiempo demasiado extenso, que hace insoportable el servicio militar. La naturaleza de este servicio exige hombres bien desarrollados y robustos, cualidades que, generalmente, sólo se encuentran entre aquellos de 21 a 30 años. En nuestros climas y en nuestras peculiaridades, antes de los 21 años el hombre es aún niño, después de los 30 declina hacia el ocaso de la vida, y por lo regular está lleno de obligaciones domésticas. Además, el actual servicio, tan extenso como es, quita del fuero civil la gran mayoría de los ciudadanos y convierte a la República en una especie de campamento militar, tan opuesto a las instituciones libres como al desarrollo de las industrias."

OBSERVACIONES

Buena es la reforma; pero el Partido Liberal va más allá. Para no convertir el país en un campamento militar, quiere que en el soldado quede viviendo el ciudadano; y si la reducción del tiempo de servicio sólo puede hacerse en la Constitución, la otra reforma puede y debe introducirse en la legislación militar.

VI

Unión Centroamericana por los medios pacíficos

COMENTARIO

"Reconstruir la antigua patria es un deber de todo buen ciudadano. Es, además, de indisputable conveniencia.

La antigua Patria era respetada porque era respetable. La familia centroamericana unida, es una sociedad visible a los ojos de las naciones. Los Estados así fraccionados carecen de estabilidad, de poder y de confianza. Casi semejan un campo de Agramante. El Partido apoyará todo trabajo que tienda a la Unión pacífica."

OBSERVACIONES

El Partido Liberal es sinccro partidario de la unión de Centroamérica, y todavía no se ha comprometido en ninguna empresa de unirla por la fuerza. Cree, sin embargo, que puede llegar ésta a ser necesaria, cuando la puedan emplear los pueblos contra los Gobiernos; que en el hecho, antes de ahora, aunque aparentando lo contrario, han sido los verdaderos enemigos de la unión. Los pueblos de la América Central nada tienen que temer unos de otros; pero sí muchos de los Gobiernos. Que se implanten las instituciones verdaderamente republicanas en las cinco secciones, y quedarán por ese hecho removidos todos los obstáculos.

VII

Mantenimiento de la paz. — No intervención en los asuntos interiores de las otras naciones. — Arbitraje para dirimir toda controversia internacional

COMENTARIO

"La paz es la primera necesidad de los pueblos. Sólo en la paz hay progreso y sólo con la paz se fundan y arraigan las instituciones libres. El Partido se opondrá siempre a que el Estado provoque guerras por ningún pretexto, ni tome la ofensiva en caso de ser provocado. Recurrirá al civilizado medio de arbitraje en toda controversia internacional. No intervendrá en los asuntos interiores de las otras naciones, ni consentirá que aquéllas intervengan en los nuestros. El

Partido se opondrá siempre a revoluciones a mano armada en el interior. El Partido trabajará en pro de toda reforma útil, y defenderá siempre sus derechos, sin recurrir a otras armas que las de la ley, principalmente el campo electoral, la escuela, la prensa y la tribuna. El Partido condena toda revolución armada, y la acepta como evolución."

OBSERVACIONES

El Partido Liberal ha reconocido (y lo ha probado con un ejemplo nunca visto en Centroamérica) que ama la paz y sabe defenderla; pero la exige dentro del orden legal. Ha entrado de lleno en el campo de la revolución de las ideas, y está dispuesto a librar grandes batallas por el derecho, con las armas de la palabra y de la prensa. Y mientras no se le prive de esas armas, mientras le quede libre la entrada en el campo electoral, y se mantengan alejadas de él la violencia, franca o embozada, y la perfidia, considerará como un crimen que se derrame una sola gota de sangre hondureña.

También ha consagrado como la única política sana en Honduras, con relación a las Repúblicas hermanas, la neutralidad. Quiere que se rompa el tradicional sistema de tener que hacer la guerra, cuando al vecino se le antoja; y de verse obligado nuestro país a prodigar su sangre y su dinero sin fruto alguno. Pero sí cree el Partido Liberal que jamás deberá consentirse en que la honra de la patria se mancille, ni sea desmembrada una pulgada de su territorio, cuando por la fuerza se trate de quitarle aquélla o éste.

CONCLUSIÓN

Notamos muchos vacíos en el programa Progresista, y el principal entre ellos, el no mencionarse, siquiera, reforma alguna en la administración de la Hacienda Pública. No creemos que ese partido esté satisfecho con el actual sistema, porque no puede estarlo ni el Gobierno mismo que lo emplea. Nadie puede poner en duda que sin la buena inversión del Tesoro Nacional, por muy buena voluntad que se tenga para encaminar el país hacia el progreso, se escollará, de seguro.

Si este vacío se llena, haremos votos porque el Partido Progresista cumpla al pie de la letra su programa; pues si con eso perdería el Liberal la mayor parte de su fuerza ante la opinión pública, el país en cambio ganaría desde luego, lo que este partido no podría darle sino en un porvenir más o menos lejano. Pero si lo infringe, si se exhibe ante el pueblo hondureño representando simplemente una farsa, tenga en cuenta que se hundirá para no levantarse más, y le perseguirán hasta en su tumba las maldiciones de sus contemporáneos y de la posteridad. Y tenga en cuenta, que mientras haya prensa independiente, y enfrente de él otro partido organizado vigilándole, a nadie podrá engañar. — Está entablada la lucha: veremos cuál de los dos partidos tiene razón. — El pueblo decidirá.

2 de marzo de 1891.

HUELGA DE TELEGRAFISTAS

El día de ayer se declararon en huelga los de esta ciudad y de otras poblaciones en número, según se dice, como de treinta, porque hace varios meses no se les pagan sus sueldos. Se asegura también que se les ha obligado por la fuerza a reasumir el trabajo, y hasta que alguno de ellos fue enviado a la Penitenciaría. Con este motivo recordamos que el Presidente Bográn ha dicho muchas veces, cuando ha tenido noticias de quejas de los empleados no pagados, que quien no esté contento renuncie; y nosotros hemos estado siempre de acuerdo con él a ese respecto, pero sólo por motivo de exquisita delicadeza, para que puedan tener el derecho de decir al Gobierno "si las rentas públicas producen lo suficiente para llenar el presupuesto, llénelo o deje el poder." Hoy que a ningún empleado, ni aun a los Diputados al Congreso, se paga, y que no hay ni pretexto plausible para no hacerlo, deberían todos los empleados de la República, que a una voz están lanzando sus quejas, presentar en un solo día sus renuncias; y los señores Representantes interpelar al Gobierno sobre ese punto. Pero notamos inconsecuencia respecto a los telegrafistas. Si ellos han seguido el consejo y se separan de su empleo, no puede obligárseles a trabajar a menos que se les pague, sobre todo, siendo ese el oficio más pesado, y el servicio más útil al Gobierno en la actualidad.

Terminamos con un consejo, que puede perjudicarnos, pero que el amor a la justicia nos inspira. Pague el Gobierno a sus empleados si quiere tenerlos contentos y a la orden para que secunden sus miras, especialmente cuando se trata ya de entrar en la lucha electoral; porque de lo contrario, difícilmente podrá convencerlos de que les conviene trabajar en favor de quien los obliga a servir de balde, y en contra de quienes abogan por sus legítimos derechos, a pesar de considerarlos como adversarios, y cuando más logrará que guarden una actitud pasiva.

2 de marzo de 1891.

LA VERDAD ANTE TODO

"El Bien Público" tiene la satisfacción de no haber faltado hasta hoy a la verdad.

Ha tratado materias muy delicadas, ha hecho muy graves afirmaciones, y ni una sola vez había sido desmentido por la prensa oficial, porque bien han sabido que teníamos los medios de probar cuanto hemos afirmado.

Sin embargo, en el número 618 de "La Nación," aparecen tres remitidos en que se desmienten afirmaciones o simples noticias que hemos dado; y como encontramos sin razón los mentís, complicados además con perniciosa doctrina, vamos a ocuparnos de combatirlos separadamente.

HUELGA DE TELEGRAFISTAS

En el suelto que así encabezamos en el número anterior, afirmamos: que se habían declarado en huelga los telegrafistas de esta capital por la falta del pago de sus sueldos; que se decía lo mismo de unos treinta de otras poblaciones, y se aseguraba que se les había obligado a reasumir el trabajo a la fuerza, y hasta que alguno de ellos fue enviado a la Penitenciaría. Esto dijimos el lunes, al día siguiente del suceso.

El miércoles aparece un remitido de la Dirección General de Telégrafos, en que se dice que no ha habido huelga: que cinco empleados de la Oficina Central abandonaron su destino, y uno de ellos reasumió voluntariamente el trabajo; que los otros cuatro fueron detenidos en la guardia de honor del Presidente y puestos a disposición del Juez respectivo, y a ninguno se mandó a la Penitenciaría; que es falso que los telegrafistas de otras poblaciones de la República hayan abandonado sus puestos.

La única afirmación nuestra es que hubo huelga; y, o no sabemos castellano, o huelga en todas partes se llama el negarse a trabajar porque no se paga un justo jornal, y con mayor razón si no se paga en absoluto; y mucho mayor aún, si se les ha notificado a los empleados que no se les pagará, y que se abstengan de molestarse y de molestar a la Dirección de Rentas, cobrando sus sueldos, porque será infructuoso. Así lo dice la circular que en otra parte insertamos.

CIRCULAR. — "Dirección General de Rentas de la República de Honduras. — Tegucigalpa: 15 de febrero de 1891. — Señor Director General de Telégrafos. — Presente. — Las violentas conmociones que ha experimentado la República en estos últimos meses, han venido a interrumpir la regularidad de los pagos, circunstancia que con tanto ahínco procuraba mantener la Dirección de mi cargo. Hoy por hoy, ni con sobrehumanos esfuerzos, es posible pagar ya los sueldos rezagados. A todos los empleados públicos se les adeuda, y he notado que únicamente los del ramo telegráfico se dirigen a este centro cobrando sueldos, cuando están al corriente de que a nadie se le paga. En esta virtud, pues, vengo a suplicar a Ud. se sirva ordenar a sus empleados subalternos la no trasmisión de mensajes que tengan por objeto el expresado. De esta manera, ni me molestarán a mí, ni perderán su tiempo en un asunto infructuoso. Espero que el señor Director se servirá atenderme, y me suscribo su atento S. S. — Roque J. Muñoz."

Acosados los empleados, quitándoseles hasta la esperanza, que es el último refugio del hombre, condenados a trabajar sin sueldo por tiempo indefinido, agobiados tal vez por el hambre, ya próxima a llamar a sus puertas, ¿cómo se tiene valor de castigarles como delincuentes? Si delito han cometido, habrá sido vicio de forma, por ignorancia de la ley; pero para que haya justicia debe también investigarse las causas ocasionales de ese delito, y castigarse a quien resulte culpable.

No lo afirmamos entonces, pero repetimos ahora, refiriéndonos a informes de empleados del ramo, que hubo telegrafistas de otras poblaciones que se habían comprometido en la huelga; y si muchos, o quizá todos, reasumieron voluntariamente el trabajo, con esto fueron inconsecuentes con sus compañeros, y provocaron el castigo de éstos, que habría sido imposible con una huelga general. Cometieron entonces doble pecado.

No fue cierto que alguno de los huelguistas haya sido enviado a la Penitenciaría, pero fue notorio en esta ciudad, como lo fue el andar buscándolos con escolta hasta capturarlos. Para nosotros es más grave aún lo afirmado oficialmente, porque no sabemos que el palacio presidencial sea lugar de detención designado por la ley; y el artículo 10 de la Constitución dice: "La incomunicación de los detenidos o presos no podrá tener lugar sino por orden escrita del Juez de la causa por un breve término y por motivos calificados. Ninguno podrá ser preso ni detenido, sino en los lugares públicos designados al efecto."

Cierto es que los presos fueron puestos a la orden del Juez, pero hasta el martes, un día después de nuestra publicación; y habiéndolos pedido anteayer, hasta ayer los recibió; hallándose mientras tanto incomunicados.

PAGO A LOS DIPUTADOS

Dice en su remitido la Dirección General de Rentas, que los señores Diputados han recibido con puntualidad sus viáticos y dietas, siendo por consiguiente, falso lo afirmado por nosotros. Por incidencia mencionamos la falta de pago a los Diputados; y ciertamente les fueron satisfechas sus dietas el mismo día lunes, a la hora que se tiraba "El Bien Público," y por consiguiente no podíamos saberlo. Nos alegramos, porque se ha comenzado a reparar la injusticia; y más nos alegraremos, si se pagan sus rezagos a todos los empleados, y se sigue cubriendo los sueldos puntualmente, pues este fue el principal cargo que hicimos, y queremos perder el derecho de seguir haciéndolo. O bien se opta por el camino de demostrar por qué no hay fondos para pagar, a pesar de que las entradas exceden en mucho a las salidas autorizadas en la Ley de Presupuesto. Eso será un proceder franco y decoroso, que, si deja satisfechos a los interesados, les dará la resignación, que no pueden tener mientras se limiten a publicar mentís infundados, sin razón, como los de que nos ocupamos.

LOS REOS DE ESQUÍAS

Suponemos que alguno de los señores Ministros, que firmó X., se resolvió al fin a decir algo sobre los reos de Esquías, cuya arbitraria prisión hemos venido denunciando. En otro de los remitidos, de que hemos ofrecido ocuparnos, el señor X. (desconocido a quien no sabemos si querrán creer los hondureños) dice que los tres individuos que hemos dicho hallarse en la Penitenciaría, son milicianos desertores y están juzgándose en Comayagua. No dice cuándo fueron remitidos a su Juez legítimo, pero nosotros sabemos que en la última semana de febrero todavía estaban en la Penitenciaría. Algo han ganado, pues se hallan ya bajo la acción de los Tribunales y no sujetos al capricho de un hombre. Pero ¿cómo explicará la prisión en que los ha mantenido durante más de un mes?

Y sépase que por lo menos uno de ellos, el Juez de Paz Jesús Flores, es mayor de cuarenta años, y por consiguiente, según la Constitución y las leyes, no es miliciano y no puede ser desertor. ¿Acaso se habían olvidado tanto de esos hombres prisioneros que ni siquiera se tuvo cuidado de investigar esa circunstancia? ¿Se dará por satisfecho el Partido Progresista? Por nuestra parte, ponemos por ahora punto final, porque ha cesado la arbitrariedad, si es cierto lo afirmado por el señor X.

LOS ALCALDES OBLIGADOS AL SERVICIO MILITAR

El señor X. en su remitido ya mencionado hace dogmáticamente las siguientes afirmaciones: 1.ª Que don Francisco Morales está de alta en La Paz, porque es Teniente, y cuando recibió el alta en diciembre no era Alcalde de Esquías. 2.ª Que la Municipalidad de dicho pueblo está completa. 3.ª Que los jefes y oficiales del ejército están obligados al servicio militar, aunque sean empleados nacionales o municipales.

Ciertamente el señor Morales no fungía como Alcalde en diciembre, porque estaba electo para fungir en este año; y si esta fuera una buena excusa, quedaría en manos del Gobierno el frustrar la voluntad popular, con sólo dar de alta a los militares electos (para Diputados, municipales, etc.) siempre que esa elección no fuera de su agrado. ¿Será así como el Partido Progresista piensa cumplir el artículo de su programa que dice: "Observancia de la Constitución y de las leyes"?

Ciertamente la Municipalidad de Esquías está completa, porque el Gobernador, contra todo derecho, mandó practicar nueva elección. Y así se confirma lo que dejamos dicho, que puede el Gobierno ir llamando al servicio a todos los empleados electos en la República que no le convengan, hasta lograr que, por falta de hombres, la elección recaiga en personas que le sirvan de instrumento. ¿Puede esto suceder en las monarquías absolutas de Europa?

Para combatir la doctrina del señor X. respecto a la obligación de prestar servicio militar que impone a los empleados públicos, copiaremos la parte del decreto de reformas a la ley de organización militar, fechado el 20 de diciembre de 1884, que al caso se refiere: "Art. 2.º — Están exentos del servicio militar: 3.º Los individuos que ocupen empleos del Gobierno y de los municipios, mientras desempeñen sus funciones, y los individuos de los Colegios, durante el tiempo de sus estudios."

La ley es clara: no distingue entre clase de tropa, jefes y oficiales; pero no nos extraña que se haga esa distinción, porque también profesa el Gobierno, y tiene en práctica la doctrina de que el militar con grado de oficial no puede renunciar sus despachos, aunque cumpla la edad fijada por la Constitución como máximum para el servicio militar, o aunque compruebe que está incapacitado por enfermedad u otro motivo semejante; y de que la aceptación de tales despachos es obligatoria en toda edad, aunque sea un anciano aquel a quien el Gobierno honra con ellos; o bien se hace de todos modos el servicio obligatorio, porque nunca se resuelven (cuando no le conviene al Gobierno) las renuncias que se presentan.

De esa manera está seguro el Gobierno de poder hacer militar a quienquiera, en cualquier momento, y es así como Honduras positivamente está convertido en un verdadero campamento militar, no por obra de la Constitución, ni por culpa absoluta de las leyes secundarias, sino por la sola voluntad del Gobierno. Tenemos la esperanza de que tan perniciosa doctrina desaparecerá ahora que el Partido Progresista ha consignado en el comentario al artículo V de su programa la más severa condenación de ese sistema; y para probarlo, se comenzará por dar de baja al legítimo Alcalde de Esquías y por reponerlo en su puesto, a menos que para salvar la dificultad él lo renuncie, como no dudamos lo hará, porque no tiene especial interés en ejercer ese cargo.

No es tan fácil la transición del despotismo a la libertad. Acostumbrados los que mandan a hacer su voluntad sin contradicción y a decir por la prensa lo que quieren, sin ser desmentidos, se olvidan después de examinar las leyes que deben aplicar, aunque sean dictadas por ellos mismos, o de estudiar a fondo las cuestiones que han de tratar. Antes no ha llegado a sus oídos el acento de la verdad, y no han podido conocer, por lo mismo, la impotencia de los hombres que los rodean, para defender aquellos actos que habían aconsejado como de legalidad indudable por la falta de costumbre de pensar.

En Honduras, sin embargo, creemos que el gobernante, para salvar esos obstáculos, buscará entre los hombres de su partido, algunos que de buena fe quieran que su programa se cumpla, que no tengan prejuicios formados, ni estén ligados con pasados extravíos; pues sólo así podrá librarse de reincidir en el pasado despotismo, que durante su administración ha venido aflojándose, y evitará el llegar a convertirse en tirano, echando esta mancha sobre su nombre en los últimos meses de los ocho años de su Gobierno; y sólo así evitará que esos hombres de buena fe se separen de su lado.

6 de marzo de 1891

CONSTITUCIÓN LIBERAL GARANTÍA DE LA PROPIEDAD

La Constitución Política del país declara la garantía individual del derecho de propiedad; y por consiguiente el Partido Liberal no ha introducido ninguna novedad sustancial, al declararlo entre los principios que profesa, y consignarlo en el artículo II, número 3.°, de su Constitución, en estos términos: "La garantía de la propiedad, salvo los casos de expropiación legal, estableciendo severas penas para los atentados contra ella cometidos por cualquiera autoridad."

Si el derecho de propiedad en el viejo mundo ha sido objeto de tantas disputas, y ha venido a crear problemas sociales y económicos de difícil solución, en la América, y especialmente en la América Latina, nadie lo ataca en principio, y está expuesto a menos atentados en el hecho, porque en estos países todavía puede ser propietario quien lo quiera.

Así, pues, no cabe disputa de partido sobre esta garantía; pero se ha tratado de ella en la Constitución liberal, para hacer notar la necesidad que hay de protegerla más eficazmente que como lo está, contra los abusos o atentados de la autoridad, reprimiéndolos con severas penas.

El Partido Liberal quiere que pueda el ciudadano hondureño decir con razón, cuando el caso se presente, lo que el molinero prusiano contestó a un rey absoluto que trataba de privarle de su propiedad: "Tenemos jueces en Berlín."

Y entonces no podrán repetirse casos como los muy recientes en que el Gobernador y Comandante de esta capital, con motivo de la reconstrucción o reforma de las calles, o de otras mejoras en la población, se echaba sobre la propiedad, sin respeto ni consideración alguna, ya privando al uno del solar que le pertenecía, ya obligando al dueño de casa a hacer costosas reformas para poder seguir utilizándolo, y todo eso sin indemnización. Si bien tales atentados no se fundaban en ley, conviene que la de expropiación que existe se reforme, poniendo cortapisas a las autoridades para volver a cometerlos. Eso interesa a todos y a cada uno de los ciudadanos, pues un solo atentado que se queda impune hace cundir la alarma en la sociedad.

9 de marzo de 1891.

CONSTITUCIÓN LIBERAL LIBRE MANIFESTACIÓN DEL PENSAMIENTO

El artículo II de la Constitución del Partido Liberal, enumerando los principios que profesa y procurará popularizar, dice en el número 4: "La libertad de la palabra, debiendo someterse al juicio por jurado la responsabilidad por injuria o por calumnia a que puede dar lugar; y la libre manifestación del pensamiento por la prensa, sin más responsabilidad que la de calumnia, deducida también ante un jurado."

La libertad de pensar es ilegislable e irrestringible. El mayor tirano jamás ha conseguido, ni conseguir podrá, evitar que se piense mal de él o de distinta manera que como él querría. La peor de las tiranías, la tiranía religiosa, que se ejerce sobre las conciencias, tampoco ha logrado nunca extinguir el fuego santo de la idea; y por eso, a pesar de las persecuciones de los Neron(es) y Calígulas, el cristianismo salió triunfante; a pesar de los autos de fe de la Inquisición, la reforma religiosa se abrió paso; y a pesar de los anatemas de los Concilios y los Papas, la Filosofía y todas las ciencias tienen hoy el imperio del mundo.

Pero si aniquilar el pensamiento es imposible, muy fácil es poner restricciones a su manifestación, logrando demorar la propagación de las nuevas ideas, por más que llega siempre el día en que, convertidas en impetuoso torrente, se precipitan en el mundo arrollando todos los obstáculos que encuentran a su paso.

Cuando Sócrates pereció en el suplicio como blasfemo y enemigo de los dioses, por haber afirmado la unidad del Ser Supremo, no fue con él al sepulcro esa idea, que predomina en el mundo actual.

Jesús de Nazaret, sufriendo afrentosa muerte en el Calvario, por haber predicado la igualdad y la fraternidad humanas, y la más pura caridad, nos legó en cada gota de su sangre un germen de la gran revolución que debía producirse en el mundo moral; y, rompiendo las barreras que separaban los pueblos de la antigüedad, hizo posible el advenimiento de la unidad humana, base de todo el progreso moderno.

Jerónimo Savonarola, Juan Huss y tantos otros heresiarcas, que vivos fueron lanzados a las llamas por los papas y príncipes de la Iglesia, cuyos vicios y desórdenes condenaban, legaron el espíritu de libertad y de reforma que había de privar al catolicismo de su predominio en muchas naciones, que había de privar a los reyes de su poder absoluto. Regaron la simiente que brotó, se desarrolló y fructificó con la revolución francesa, y ésta mostró al mundo las llagas sociales, políticas y religiosas de la Edad Media, y las lavó con la sangre de sus propios hijos.

Cuando Guttemberg inventó la imprenta, no se imaginó siquiera que su descubrimiento, que significaba verdadero progreso, pudiese ser por nadie combatido; y sin embargo, ¡cuántos sufrimientos no experimentaron sus discípulos y de cuántas persecuciones no fueron objeto, de parte de los poderes tiránicos de entonces, al convencerse de que la imprenta representaba en cada uno de sus caracteres la libertad de los pueblos!

El estúpido fanatismo pudo condenar a Galileo, mártir de la ciencia, pero nadie pone en duda hoy que la tierra se mueve, a pesar de aquellos anatemas de la Iglesia.

España quiso mantener perpetuamente en la esclavitud a sus colonias, y muchos patriotas fueron conducidos al patíbulo por haber concebido y tratado de realizar el gran pensamiento de su independencia; pero su sangre hizo brotar los héroes que la consumaron, y quince naciones veneran hoy la memoria de aquellos mártires.

Tales enseñanzas de la historia debían dar y han dado su fruto. Pocas son las naciones civilizadas donde el pensamiento no puede manifestarse con mayor o menor libertad, ya por la palabra, ya por la prensa.

Reconocido generalmente el principio de que, siendo libre el pensamiento, deben ser libres sus manifestaciones, parece natural que desde luego se hubiesen allanado todos los obstáculos; pero no ha sido así. Se ha tratado muchas veces, con verdadera hipocresía, de frustrar los efectos de la declaración del principio, sometiendo los escritos a previa censura de agentes del poder o de la iglesia dominante.

O bien se ha dejado sujeta a jueces de derecho la calificación del delito que pueda haberse cometido, a pesar de que tales jueces son impotentes para tomar en consideración circunstancias especiales que en tales delitos casi siempre concurren, y los hacen distinguirse sustancialmente de los delitos comunes.

En Honduras, la Carta Fundamental declara el principio de la "libertad de publicar las ideas por la imprenta, sin previa censura;" pero no completa esta garantía, para que sea eficaz, sometiendo la declaración de toda responsabilidad contraída al juicio por jurados; y aunque la ley secundaria puede y debe completarla, nosotros preferiríamos verlo escrito en la Constitución, para que no esté sujeto a los cambios de la política dominante en los Congresos Legislativos.

También querríamos ver escrito en nuestra Carta, que las publicaciones por la imprenta no causan más responsabilidad que la de calumnia, porque la injuria que no afecta la reputación de un hombre, y es el simple desahogo de la pasión del que la profiere, sólo a éste puede causar daño; y si se dice la verdad, y el ofendido tiene que confesarlo, por lo menos con su silencio, justo es que no haya entre ambos más juez que la opinión pública.

Nosotros querríamos igualmente tener escrito, como una verdad fundamental, la sujeción al juicio por jurados de los delitos que puedan cometerse por medio de la palabra, o por escrito, aunque no sea impreso, porque casi siempre tales delitos envuelven cuestiones de honor, de delicadeza, que sólo jueces de hecho tienen la libertad necesaria para poder apreciarlas debidamente.

Aceptamos en este caso la existencia del delito de injuria, porque es mucho más grave el abuso que puede cometerse de palabra o por escrito no publicado, y menos medios de defensa tiene el perjudicado, y no puede ser tampoco el juez entre ambos la opinión pública.

Pero mientras nuestra Carta Fundamental puede reformarse en tal sentido, nos conformamos con que tales principios sean reconocidos y aplicados en las leyes secundarias.

Si el actual Congreso emite la ley que debe consolidar la garantía de la libre manifestación del pensamiento, habrá merecido bien de la patria.

13 de marzo de 1891.

LAS NEGOCIACIONES PINETTA

En el número 621 de "La Nación" aparece publicado el siguiente aviso:

A quien convenga. — Pongo en conocimiento: que las contratas de surtimiento de aguardiente para los departamentos de Tegucigalpa, El Paraíso o Choluteca, que haya celebrado o haya prorrogado después del 22 de noviembre de 1889, o celebre o prorrogue en lo sucesivo el señor Director General de Rentas, son nulas y de ningún valor legal, por oponerse al artículo 12 del acuerdo gubernativo de la fecha que se cita arriba. — Tegucigalpa: marzo de 1891. — J. Pinetta.

Antes de verse esa publicación, ya teníamos tomada nota de la contrata a que se refiere, y de otra negociación celebrada con el mismo señor Pinetta para la confección de licores, de las cuales nos proponemos ocuparnos con el detenimiento que merecen asuntos de tanta trascendencia para el país, que implican la ruina de la industria cañera en Honduras, y muchos otros graves males que importa evitar, pues aún es tiempo. En este artículo nos ocuparemos sólo de la primera.

Con fecha 22 de noviembre el Gobierno emitió un acuerdo, publicado en el número 605 de "La Gaceta Oficial," aprobando la contrata celebrada por la Dirección General de Rentas con don José Pinetta, cuyas principales cláusulas son las siguientes:

1.° Obligación de entregar Pinetta 40.000 botellas de aguardiente, fabricado en el país o importado del extranjero, a razón de diez y ocho centavos la botella.

2.° Ese aguardiente será destinado al consumo de la sección de Amapala y de los departamentos de Tegucigalpa, Choluteca y El Paraíso.

3.° La contrata durará diez años contados del 1.° de agosto de 1890.

4.° Desde la fecha de la contrata la Dirección no podrá enajenar el surtido de la sección y departamentos expresados, ni podrá prorrogar los contratos existentes, sino sólo en el caso de que las 40.000 botellas de Pinetta no bastaren a las necesidades del consumo, y que éste manifestare no poder sostenerlo fuera de los límites de su contrata.

5.° El Gobierno concede a Pinetta el privilegio exclusivo del transporte y tráfico de ganado por los puertos de la costa Sur de la República, por los diez años de la contrata y diez años más, con el derecho de no pagar mayor impuesto que el que hoy se paga por la exportación de ganado que haga en sus naves, aunque ese impuesto se aumente; y en caso de disminuirse, le aprovechará la disminución.

6.° La Dirección pagará a Pinetta $ 3.000 anuales, como subvención por el servicio de cabotaje.

Esta contrata contraría todas las reglas de la Economía Política, pues se paga un artículo extranjero a mayor precio que el que tiene ese artículo en el país, de mejor calidad; y si bien no somos nosotros ciegos proteccionistas de la industria nacional, entendemos que el Gobierno comete un crimen, cuando sin razón alguna perjudica esa industria, en beneficio de la extranjera; lo cual no le es permitido hacer, tratándose de un monopolio que maneja a su arbitrio, aunque hubiera de obtener pingües ganancias.

Se querrá decir, quizá, que el país no produce el aguardiente necesario; pero es falso. Y lo prueba el hecho mismo de tener el señor Pinetta en Amapala, en depósito, según él afirma, varios centenares de miles de botellas de aguardiente, que no pueden darse al consumo, por estar bien surtidos los depósitos de los departamentos con el aguardiente entregado por los hijos del país; y el existir en esos depósitos mucha mayor cantidad que la que puede consumirse, sin tomar en cuenta el de Pinetta.

Mas aunque así no fuese, la falta de licor podría justificar una contrata en el extranjero por el déficit, pero en ningún caso dejar al industrial hondureño sujeto a dar sólo lo que el señor Pinetta no pueda o no le convenga entregar.

Según los términos de la contrata, el señor Pinetta tiene razón en su aviso, pues la Dirección no ha debido hacer nuevas negociaciones ni prorrogar las existentes, sin su consentimiento. No comprendemos cómo la Dirección ha podido hacer lo contrario; y desearíamos que diese una explicación satisfactoria, y que no fuese, como sospechamos, el simple buen sentido, el espíritu nacional, el amor patrio, que han impulsado al empleado a practicar lo que es recto y justo, haciéndole olvidarse de la negociación Pinetta, y exponiendo a la Hacienda Pública a contraer una responsabilidad, o a los cañeros del país a verse burlados en sus justas esperanzas y perjudicados en sus legítimos intereses, si sus contratas se nulifican. ¡Alerta, cañeros!

El término de duración de la contrata, diez años, es el colmo de la injusticia y de la torpeza. Eso es matar no sólo el presente sino también el porvenir de la industria cañera: es obligar a los propietarios de fincas a abandonarlas y perder el fruto de largos años de trabajo, y a buscar en la vejez una nueva ocupación, para lo cual natural es que no tengan aptitudes.

Contratas tales, que comprometen el porvenir del país, no pueden ser celebradas por el Poder Ejecutivo por más tiempo del período presidencial en que se verifican; porque no deben ligar al sucesor a responder por errores que no son suyos, y que no está en su mano rectificar. Hace tiempo que pensamos en la conveniencia de que el Congreso dicte una ley, prohibiendo que ningún empleado público pueda celebrar contratas u otorgar concesiones por tiempo mayor que el que falte al Presidente de la República para concluir su período, y declarando nulas e inconvalidables las que en contrario se efectúen. Aprovechase la ocasión que ofrece el negocio de que tratamos, y dicte el actual Congreso esa ley.

Monstruoso y torpe en demasía es el error cometido en las cláusulas de la contrata que dejamos examinadas, pero todavía puede concederse que haya sido un error de cálculo y mucho deseo de favorecer al contratista, de parte del Gobierno; mas no se concibe por qué se mezcló con el negocio de aguardiente el privilegio exclusivo referente a la exportación de ganado y las otras muchas ventajas otorgadas al señor Pinetta para llevar adelante ese negocio.

En primer lugar, el país contrae una obligación a favor del señor Pinetta, sin que éste asuma ninguna por su parte. No se dice ni cuándo ni cuántas embarcaciones pondrá al servicio del comercio de cabotaje el señor Pinetta, ni hasta dónde se extenderá ese comercio, ni se dice de qué clase y capacidad serán las embarcaciones, ni los viajes que deberán hacer, ni muchas otras circunstancias que se usan en tales concesiones. De manera que podría el concesionario establecer un servicio de lanchas, o traer un vapor o buque de vela una vez al año, y cobrar los tres mil pesos de subvención; y si se tratase de establecer una línea de vapores para el transporte de ganado, con sólo haber cumplido en los términos dichos, o sin haber cumplido en absoluto, porque no hay término ni condiciones de caducidad, podría oponerse al establecimiento de esa línea.

Suponiendo que se construyese el ferrocarril de San Lorenzo, como es probable, y se facilite así el transporte de nuestro ganado del interior al puerto, no es dudoso que su exportación a Guatemala y El Salvador dejase de hacerse por tierra y fuese un buen negocio el establecer vapores en el Pacífico para hacer su transporte. Pues no se podría, porque el señor Pinetta alegaría que tiene privilegio exclusivo para hacerlo, a menos que se le comprase, con lo cual ganaría su propio bolsillo, pero nada, absolutamente nada, el país.

Supongamos que se construya el canal por Nicaragua, que es también probable, y con eso se abriese un nuevo mercado para nuestros ganados; pues si el señor Pinetta lo quisiese, podríamos vernos obligados a esperar la conclusión de los veinte años para poder trasladar nuestros ganados de cualquier punto de nuestra costa a la de Nicaragua.

Todo privilegio, en general, es odioso; pero mucho más aún cuando se otorga sin asegurar a la Nación ninguna ventaja ni en el presente ni en el porvenir, y se le aseguran no más que desembolsos y gravísimos perjuicios, como los que dejamos indicados respecto al privilegio Pinetta.

Creemos incontestables nuestras objeciones al acuerdo de que tratamos, y que el Congreso lo improbará en absoluto, mandando sí, porque es de justicia, que se pague al contratista el aguardiente que ha introducido; pues lo ha hecho bajo una contrata que, aunque torpe, perniciosa y reprochable, por honor del país debe cumplirse hasta la fecha.[1]

No tenemos motivo alguno de hostilidad contra el señor Pinetta, por lo que creemos que él comprenderá que alzamos nuestra voz como hondureños y abogamos por los intereses de la patria, en cuyo caso no puede detenernos consideración alguna personal; y que hacemos contra él lo que haríamos contra cualquier compatriota nuestro. Fácilmente lo comprenderá él, pues estamos seguros de que, cuando a solas se encuentra, debe reírse de nosotros los hondureños, porque sólo entre nosotros se pueden conceder impunemente tantos

---

[1] Desgraciadamente no se siguió el consejo y no se pagó al señor Pinetta su aguardiente. Por un arreglo celebrado bajo la Administración del Dr. Bonilla, se liquidaron las cuentas de Pinetta y se conformó con el pago de más de noventa mil pesos en siete años, renunciando a los intereses vencidos y por vencer, y a ciertos reclamos. Ese arreglo ha sido fielmente cumplido, y Pinetta ha recibido ya más de la mitad de la suma.

favores como a él se han dispensado, sin que sea todavía conocida la utilidad que el país ha obtenido.

Que tenga el Congreso presente que al tratar esta cuestión no habrá de evitar sólo el mal pecuniario y económico, sino también una vergüenza para Honduras.

13 de marzo de 1891.

EL EMPRÉSTITO DE $ 2.000.000

La gran noticia de sensación, estupenda noticia, por cierto, que ha sido objeto de todas las conversaciones el día de ayer, es la petición dirigida por el Gobierno al Congreso para que le autorice a fin de negociar un empréstito extranjero de $ 2.000.000. No conocemos detalles, y por lo mismo ignoramos el objeto a que se ofrece será destinado, y respecto a condiciones, se dice que será emitido al noventa y tres por ciento, con interés de seis por ciento anual.

Nos ha sido preciso oírlo de boca de varios diputados para creerlo. Pretender que un país como Honduras, sobre el cual pesa una deuda de $29.000.000., sin contar intereses, por más que sea una deuda injusta, lance un empréstito en cualquier mercado extranjero, es pretender poner al país en ridículo: es hundir para siempre el poco crédito que puede conservar, atendía su inculpabilidad en los fraudes de que fue la principal víctima cuando se negociaron los empréstitos que originaron aquellas deudas; porque se colocaría a Honduras en la condición de un deudor insolvente, que logra, por cualquier medio, encontrar un nuevo acreedor. A eso en el individuo se le llama estafa, y no cambia el nombre si lo hace una nación

Por otra parte, aunque ese empréstito fuese realizable bajo las condiciones indicadas, que serían magníficas si son esas, aunque se lograse emitir a la par y sin interés alguno, no encontraríamos cómo justificar esa nueva carga que se echaría sobre el crédito nacional, porque no sabemos qué inversión reproductiva podría darse a ese dinero.

Si los ingresos del Tesoro Nacional exceden a los gastos presupuestos, no se necesita recurrir al empréstito. Si a pesar de ese exceso la situación financiera del país es apurada, entonces menos se justifica; pues mientras no se demuestre que se sabe hacer economías no hay garantía de que los fondos obtenidos con el empréstito no corran la misma suerte que el exceso de la producción. Es éste un dilema al cual no encontramos solución.

¡Alerta, señores Diputados! Tened presente que si no maldecimos a nuestros antecesores por haber comprometido estúpidamente el crédito de nuestra patria, es porque tomamos en cuenta su inexperiencia y les concedemos buena fe; pero sí, de seguro, la posteridad lanzaría sus maldiciones sobre todos y cada uno de los hondureños que hoy contribuyésemos, o por lo menos no tratásemos de impedirlo, a que con un proyecto de la naturaleza de éste se hiciese perder toda esperanza de recobrar algún día el crédito perdido, si no tiene éxito, o se manchase para siempre la honra nacional, si realizado fuese imposible cumplir los compromisos, y peor si no se diese al dinero obtenido buena inversión.

13 de marzo de 1891.

CONSTITUCIÓN LIBERAL VARIAS LIBERTADES PÚBLICAS

En el número 5.°, artículo II de la Constitución del Partido Liberal, se declaran como derechos de los hondureños: "La libertad de reunión, de asociación, de locomoción, de enseñanza, de industria y de comercio, sin más restricción que la libertad ajena o el conflicto con cualquiera otro de los derechos del hombre."

La Carta Fundamental del país consagra también estos derechos. El Partido Liberal no ha introducido, pues, una novedad al proclamarlos, pero debía hacerlo para demostrar que está dispuesto a mantenerlos si algún día hay quien pretenda borrarlos o restringirlos; y lo que más importa, está dispuesto a luchar para hacerlos efectivos, y porque no se burle de ellos el legislador o el ejecutor de la ley.

Como se ha visto prácticamente probado que no se ha dado en Honduras a tales derechos todo el alcance que se debe, ni se ha sabido hacer buen uso de ellos, hasta parecer que se cree no tenerlos, vamos a tratar de explicarlos, tal como los entendemos, aunque sea a la ligera.

LA LIBERTAD DE REUNIÓN

Es en Inglaterra donde el pueblo hace uso de este derecho con más fruto. Allí se ve a los ciudadanos discutir públicamente en meetings, hasta de centenares de miles de personas, los intereses públicos, y terminarlos con una demostración pacífica, ya de aprobación, en favor o en contra de los actos del Poder Público, o con alguna petición al mismo Poder, en el sentido de sus opiniones, que, con frecuencia, es atendida y siempre tomada en cuenta. O bien se reúnen los obreros o industriales, para tratar de sus intereses comunes, resultando de allí la organización de una huelga (de la que se prometen, con más o menos acierto, la reparación de una injusticia de que se creen víctimas) o alguna petición para que se emita una ley que debe proteger sus legítimos intereses vulnerados.

Nosotros, los hondureños, que comenzamos ya a ocuparnos más de los intereses de la Nación, y a convencernos de que son propiamente nuestros, y no, como antes se pensaba, exclusivamente del personal del Gobierno, entraremos también en la vía de las manifestaciones populares, para hacer patente la opinión pública a los que mandan, y detenerlos en el camino de los desaciertos, o alentarlos cuando verdaderamente se dirijan a realizar el bien público.

Así, fácilmente, podrán lograr los vecinos de un pueblo contener a una Municipalidad que les recargue de impuestos, o invierta mal sus rentas, o dicte providencias atentatorias. Así, los vecinos de un departamento, podrán protestar contra un Gobernador o Comandante que cometa vejaciones en los ciudadanos, o viole las leyes en cualquiera otra manera. Así, podrán los hondureños todos, en cualquiera población del país, demostrar al Gobierno que rechaza su política, o sus disposiciones económicas o administrativas, y demostrarle claramente la fuerza moral de que disponen para protegerse mutuamente contra todo atentado, recordándole, a la vez, que no es señor de un pueblo esclavo, sino el servidor de un pueblo soberano que sabe y puede hacer respetar sus derechos.

Cuando veamos que eso se hace en Honduras, entonces diremos que la República es una verdad, porque habrá un pueblo que la apoya y sostiene.

LA LIBERTAD DE ASOCIACIÓN

Hay empresas que un hombre solo no puede acometer, y eso engendra la natural necesidad de la asociación.

Aun para el comercio y la industria, el pueblo hondureño no ha comprendido bien toda la importancia que tiene la unión de varias fuerzas individuales, y con mayor razón ha estado fuera de su alcance toda la que pueda tener la asociación para fines políticos. Hasta recientemente se ha comenzado a organizar en el país un partido político permanente, dispuesto a ocuparse, no por ocasión ni circunstancias, sino como una de sus principales obligaciones, de los intereses nacionales. Nadie pondrá en duda ya que la organización del Partido Liberal ha comenzado a producir buenos frutos; y los que lo formamos, no hemos hecho otra cosa que hacer uso del derecho de asociación consagrado en la Carta Fundamental. El transcurso del tiempo y los hechos probarán mejor que nuestras palabras, que la organización de ese partido será fecunda para el bien del país, y será el baluarte contra el cual se estrellarán los atentados del Poder.

LA LIBERTAD DE LOCOMOCIÓN

Esta garantía la otorga la Carta con el nombre de "Derecho de transitar por el territorio de la República, de permanecer en él y de salir sin pasaporte." Este derecho es indígena de la América. En Europa, aun estando otorgadas todas las libertades, está restringida, en general, la libertad del movimiento. No se puede entrar ni salir del país, sin que de ello tenga conocimiento la policía, por medio del pasaporte que debe obtenerse y mostrarse a las autoridades del tránsito. Quizá en América el interés, o, mejor dicho, la necesidad de fomentar la inmigración, ha hecho prescindir de tan enojosas formalidades para el viajero.

Honduras en esto ha seguido el ejemplo de las demás Repúblicas sus hermanas; y en verdad es el derecho que menos ataques ha sufrido de parte de las autoridades, es la garantía que ha sido más efectiva.

LA LIBERTAD DE ENSEÑANZA

Entendemos por este derecho el que tiene toda persona para abrir escuela sin previo permiso de la autoridad, y para propagar, en ella o fuera de ella, toda doctrina política, moral, religiosa o en relación con cualquier ciencia o arte, sin que el Poder pueda impedírselo, mientras no ocasione, con un acto directo y positivo, perturbación en el orden público, o no infrinja las leyes referentes a otras materias.

En consecuencia de esta doctrina, creemos que es inconstitucional la intervención que la ley secundaria da al Gobierno sobre los establecimientos privados de enseñanza, excepto cuando éstos pretendan que el Estado reconozca los diplomas que extiendan para el efecto de seguir carreras profesionales, mientras la enseñanza superior esté a cargo del Estado.

LIBERTAD DE INDUSTRIA Y DE COMERCIO

Estas garantías dan a los habitantes de Honduras el derecho de ejercer libremente la industria y el comercio, y por consiguiente todo monopolio que los ataque es inconstitucional. Pero tanto sobre este punto como sobre la concesión de privilegios restrictivos de estas libertades, debemos ocuparnos, por ser materia difícil y delicada, en artículos separados.

El Partido Liberal ha consignado, como limitación de todas estas libertades, que en su Constitución consagra, la restricción de la libertad ajena o el conflicto con otros derechos del hombre.

Así, por ejemplo, una reunión de ciudadanos puede prohibirse cuando estorbe el tránsito por la vía pública, porque restringe la libertad de locomoción de los demás, o cuando se pretende celebrar, sin el consentimiento de su dueño, en una casa particular, porque entra en conflicto con el derecho de propiedad.

Así también la libertad industrial y comercial pueden estar limitadas por los derechos de propiedad de un autor o inventor sobre su obra o descubrimiento.

Y, en general, a nadie puede ser permitido hacer uso de su derecho con perjuicio del derecho ajeno, correspondiendo, en tales casos, la decisión del conflicto a los Tribunales de Justicia.

20 de marzo de 1891.

MÁS SOBRE EL EMPRÉSTITO

En un remitido firmado por X. X., publicado en el número 624 de "La Nación," se combaten las apreciaciones que, en un suelto del número 21 de nuestra hoja, hicimos sobre el proyecto de un empréstito extranjero que ha presentado al Congreso el Poder Ejecutivo.

Habíamos prometido ya no volver a ocuparnos de las producciones del escritor anónimo X. X., porque no hay quien quiera responder por esa firma ante el pueblo hondureño; pero faltaremos por esta vez a nuestro propósito, porque el escrito a que nos referimos trata de materia que nunca se discutirá demasiado, porque en él se ha guardado el debido comedimiento, porque defendiéndose un proyecto del Gobierno, debemos suponer a éste autor o por lo menos ordenador del artículo, y por lo mismo tenemos quien responda moralmente de las graves apreciaciones que contiene; y nos proponemos, a nuestra vez, combatirlas, para que no se lleve al ánimo de nadie la más ligera duda, ya que extraviar la opinión pública en este caso es imposible.

Dijimos que no conocíamos detalles del proyecto, pero según nuestro criterio, aunque fuese mucho mejor de lo que es, aunque fuese absolutamente gratuito el empréstito proyectado, pediríamos se negase la autorización.

Para probar que nos asiste la razón, seguiremos el orden de argumentación del defensor del proyecto.

PRIMERA CUESTIÓN

"Necesidad y conveniencia del empréstito." — Dice el señor X. X. que el empréstito es necesario para hacer frente de una sola vez y en corto tiempo a la deuda pública de diversas procedencias.

Ante todo debemos distinguir las varias clases de deuda interior que tiene el país.

Es una la que procede de la conversión verificada en 1879, de la cual quedan por amortizar los cupones números 13 y 14, que importan unos $ 220.000. Esta deuda, por el momento, no pone en apuro al Tesoro Público, porque esos cupones no están vencidos, y no podrán cobrarse hasta que sean cambiados por Billetes del Tesoro, cambio que el Gobierno, de hecho, ha acostumbrado demorar, hasta que, por motivos que no conocemos, lo cree conveniente. Con este arreglo están conformes los acreedores, y pagarles de momento sería hacer un nuevo favor a los pocos agiotistas que han monopolizado casi todo ese papel, y contra los cuales clama el señor X. X.

Es la otra clase los Billetes del Tesoro procedentes de la última conversión, principalmente de cupones, porque hace muchos meses que la Dirección General de Rentas no ha dado en pago ese papel. De esta deuda podemos decir lo mismo que de la anterior: que no estando en general en manos de quien recibió el papel originariamente, pagarla de momento y a la par sería favorecer casi sólo a los pocos agiotistas y medradores con los apuros del Tesoro, que la han obtenido desde un 25 a un 40 por ciento; y así realizarían un pingüe negocio, el mayor que se les haya procurado desde que ejercen el oficio, resultando favorecidos los mismos contra quienes se clama como unos de los causantes de las actuales dificultades.

Y ya que del agio tratamos, bueno es que algo digamos sobre la verdadera causa de su existencia. Muchos años hace que en Honduras existe una clase de negociantes, cuyo principal tráfico ha consistido en el papel del Estado o en explotar los apuros, justificados o indebidos, del Tesoro Público. Si ésta no hubiese sido una clase privilegiada, si el tráfico hubiese estado sujeto al libre cambio, a la competencia de todos los comerciantes, el papel del Estado tendría hoy muy pequeño descuento. Pero esa clase, cuyo personal ha variado con los cambios de personal en el Gobierno y en otros empleos públicos, ha tenido la ventaja de hallarse bien al corriente de los secretos de oficina que podrían producir el alza o la baja, y a cubierto contra la una o contra la otra, si por accidente han llegado de sorpresa, incluyendo su papel en alguna negociación directa con el Gobierno. Además han logrado, por favor especial, convertir, de tiempo en tiempo, en dinero sus papeles comprados a ínfimo precio, realizando un negocio, a veces de cinco, seiscientos y hasta mil por ciento. En cambio, el resto del comercio se ha limitado, por carecer de tales ventajas, a comprar el papel que ha de consumir mensualmente en sus propios negocios.

La tercera clase de deuda es la que procede de empréstito o negociaciones de dinero, con diversos tipos de interés, pero en general con uno más elevado que el legal de 1 por ciento, pues ha sido frecuente pagar el 2 por ciento mensual. También esta clase de negocios se ha acostumbrado hacer con determinadas personas, y nunca se ha abierto la competencia, para procurar obtener el dinero en mejores condiciones, y cimentar el Gobierno su crédito ligándose con todo el comercio del país; pero como es ésta una deuda muy gravosa para el Erario Nacional, realmente importa cancelarla cuanto antes. Mas no creemos que sea el empréstito, con todos los inconvenientes que le hemos anotado y ampliaremos ahora, el único ni el mejor medio de cubrirla. Más fácil y más provechoso es limitarse a hacer los gastos consignados en el presupuesto, si no es posible hacer economías, y cancelar aquella deuda con el exceso de la producción, que bastaría, y dejaría lo suficiente para la lenta cancelación de la otra deuda de que vamos a ocuparnos, principalmente porque a ello se destinarán además los doscientos mil pesos, poco más o menos, que por intereses se pagan anualmente.

La cuarta clase de deuda es el rezago por sueldos de empleados y a favor de los contratistas por el valor de artículos estancados. En ésta hay que hacer la distinción de que los créditos de los contratistas devengan, en general, crecido interés; y, por lo mismo, deben incluirse en la tercera clase, para cancelarse de preferencia. En cuanto a los empleados, nos atrevemos a asegurar, en su nombre, que, antes que consentir en que con el empréstito proyectado se comprometan los más sagrados intereses del país, se conformarían con que el Gobierno, de hoy en adelante, fuese puntual en los pagos; y, confesando sus pasados errores con franqueza, único medio de restablecer la confianza, a la vez que exponiendo sin doblez la verdadera situación de las arcas públicas, aceptarían el pago por cuotas mensuales de un 10, un 15, un 20 o 25 por ciento, del total de sus rezagos. Esto, se entiende, si no hay fondos para pagarles de momento; pues, según estamos informados, se ha negociado, con ese fin, un empréstito interior en toda la República, que, aunque bajo muy gravosas condiciones, si ya está hecho, no debe distraerse del objeto para que se ha solicitado.

No nos ocupamos de otra clase de deuda, como la que dejó la Administración Soto a favor de los señores Binney & Melhado, de Trujillo, porque, aunque excesivamente gravosa, no podría cancelarse, según sus condiciones, sin el consentimiento del acreedor.

Examinadas las distintas clases de deuda a cuya amortización podría destinarse el empréstito, sacamos la consecuencia de que no debe emitirse por la primera y segunda, porque ya está determinada la manera de su amortización lenta y gradual, y al hacerla de momento, no tendría más objeto que favorecer a los ya tan favorecidos agiotistas; y que para cancelar la segunda y tercera bastan los recursos del país, bien invertidos.

Apartándonos de este objeto que se señala al empréstito, veamos si puede justificarse con la razón que da el señor X. X. de la conveniencia de introducir en el país numerario, que ya escasea. En verdad, no nos hemos apercibido de esa crisis monetaria. Hemos notado sólo una disminución en el crédito público, de la cual se ha resentido también el crédito privado, y eso ha hecho retirarse un tanto el capital efectivo de la circulación. Podían señalarse otras causas para que haya menos moneda circulante, pero no vale la pena considerarlas, porque son transitorias.

Respecto al aumento de la riqueza pública con la introducción, de golpe, de una enorme suma de dinero, discordamos con el señor X. X.; y para no engolfarnos en una discusión cientítica, muy superior a nuestras fuerzas, nos limitaremos al caso, tan estudiado por los economistas, del pago hecho por Francia a Alemania como indemnización de guerra, que, según unánime opinión, empobreció a ésta.

Nosotros creemos que la salida del dinero perjudica a un país cuando sale por necesidad permanente, a causa de la falta de productos que exportar para llenar el valor de la importación; caso en que no se encuentra Honduras, pues si los datos estadísticos publicados por la Dirección General de Rentas son exactos, tiene el país más bien exceso en la exportación.

En cuanto a la entrada, creemos que sólo podrá ser favorable cuando se recibe en cambio de productos, porque de lo contrario excede a sus necesidades, se causa el alza repentina en el precio de las cosas, y en consecuencia la baja en el valor intrínseco de la moneda.

De manera que si entrase a Honduras uno o dos millones por razón del proyectado empréstito, produciéndose ese efecto, resultaría que en verdad se recibiría mucho menos, y se habría de pagar cuando, restablecido el equilibrio, la moneda habría recobrado su primitivo valor, si no mayor.

No estamos de acuerdo en creer que la deuda interior de Honduras origine una necesidad transitoria. Esa deuda existe desde nuestra independencia, y se ha venido aumentando en vez de extinguirse, por la informalidad de los Gobiernos para su amortización. Varias veces se ha convertido, determinando la forma de su pago, pero muy pocas se ha cumplido lo prescrito; y de allí procede el descrédito del país. Indudablemente el mejor camino para elevar el valor del papel del Estado sería la emisión de uno que representase la deuda consolidada, con módico interés y amortizable lentamente; pero para eso se necesita infundir antes la confianza en el público.

Y si los hondureños no tienen confianza en su propio Gobierno, ¿cómo puede éste atreverse a solicitarla entre extranjeros? Este es el más grave aspecto que para nosotros presenta la cuestión. Se expondría una vez más al país a caer en el ridículo y la vergüenza con lanzar ese empréstito; y sin embargo, ese punto no lo toca el señor X. X. ¿Será que sabe que el Gobierno está cierto de obtener los fondos, porque ya está asegurada la negociación? Siendo así, está obligado a decirlo francamente al Congreso, para descartar de la discusión esta cuestión tan grave, presentándole, a la vez, las pruebas de su seguridad. Por nuestra parte lo ponemos en duda, porque no sabemos por qué Honduras, el país que goza de menos crédito, habrá de tener el raro privilegio de obtener lo que ninguna otra nación de la América Latina hasta hoy ha conseguido.

Mas, dando por admitido que el empréstito es realizable, opinaríamos que se rechazase el proyecto, porque ya lo hemos dicho: no lo creemos necesario ni conveniente. A las razones dadas, agregamos: que tememos, con sobrado fundamento, al menos mientras no se conteste satisfactoriamente nuestro editorial sobre la Memoria de Hacienda, que los fondos del empréstito se distrajesen del objeto a que se destinan, y se invirtiesen en gastos superfluos (palabras del informe de la Dirección de Rentas) como se ha invertido el exceso en la producción anual, y aun parte del ingreso calculado en el presupuesto.

SEGUNDA CUESTIÓN

"Si puede el Estado hacer frente a los compromisos que contraiga, y si con el cambio de deuda resultaría beneficiado el Erario." — Casi tenemos resuelta esta cuestión, pero diremos algo más sobre ella.

En la actualidad creemos que sí podría el país cumplir sus compromisos por razón de ese empréstito, que podría cubrir los intereses y el fondo de amortización, aunque todo llegase a $ 300.000; pero desconfiamos de que eso se hiciera, por las mismas razones que antes han impedido cumplir los demás compromisos. Y decimos en la actualidad, porque el señor X. X. se ha olvidado de que hay pendiente otro compromiso referente a la deuda exterior, en relación con la contrata del ferrocarril interoceánico; y que si llegase el caso, aunque no lo creemos, de tener que pagar por aquella razón más de $ 200.000 fijos y la mitad del aumento que pueda haber en la renta aduanera, no se podría atender al pago de ambas obligaciones.

Nosotros no hemos pretendido que en caso de autorizarse la emisión del empréstito se limite el término para su amortización al tiempo que falta al actual Presidente para terminar su período, porque apenas bastaría para concluir las negociaciones. Hemos sostenido que contratas referentes a la administración de las rentas, como la del señor Pinetta, con motivo de la cual lo dijimos, que son las únicas que tiene derecho de hacer el Poder Ejecutivo, deben limitarse al período presidencial en que se celebran. No queremos creer que el señor X. X., es decir, el Gobierno, haya dado a entender con esa confesión que hace suya la defensa de aquella contrata, pues siendo tan manifiesto el error cometido, más le vale dejar que el Congreso lo rectifique antes que cargar con la enorme responsabilidad que sobre él está pesando.

Mas, lo que antes no dijimos, decimos ahora. Si realmente el actual Presidente va a dejar el poder y no habrá sólo una sustitución de nombre, debe dejar que transcurran los pocos meses que faltan; y, si quiere, que prepare las negociaciones, a fin de que sea su sucesor el que resuelva sobre la conveniencia de ellas y quien las proponga al Congreso, tal vez hallándose entonces el país en mejor situación financiera.

Para nosotros significa poco la recalcada diferencia que ha tratado de hacer con los hasta, indicando que ha señalado el Gobierno con ellos límite máximo al valor del empréstito, de los intereses, etc. Para nosotros, basta que esté pedida la autorización por $ 2.000.000 y que quede a la absoluta discreción del Poder Ejecutivo el usar de ella en el todo o en parte, para que combatamos el proyecto como si toda la cantidad hubiese de negociarse; fuera de que damos poca importancia a la mayor o menor cantidad que se emita.

Por último, diremos: que, aunque a primera vista parezca que el cambio de la deuda interior por deuda exterior con bajo interés sería ventajoso, si recordamos lo que sucedió con los empréstitos del 67 al 70, nos convenceremos de que con la emisión de éste nos colocaríamos al borde de un abismo, que volvería a tragarse el valor del empréstito y el crédito de Honduras. Entonces se hizo la emisión a un tipo muy razonable, pero de autorización en autorización se llegó hasta vender los bonos por menos, mucho menos, de la mitad de su valor nominal; y todavía el producto se consumió en extracomisiones, intereses, amortización, etc., y al país nada llegó. ¿Desconocerá el señor X. X. esos hechos? ¿No? Pues desista de la defensa de una causa condenada ya por la opinión pública.

2 de marzo de 1891.

PRIVILEGIO PARA LA CONFECCIÓN DE LICORES

En acuerdo de 28 de noviembre de 1889, publicado en el número 606 de "La Gaceta," el Gobierno concedió el privilegio exclusivo por diez años, para fabricar con aguardiente del país alcohol, vinos, licores fuertes y dulces y todos los derivados del alcohol. Esta concesión fue hecha al señor José Pinetta, el mismo con quien se hizo la contrata de desinfección, y el mismo con quien se contrató el surtido de aguardiente de los departamentos de Choluteca, Tegucigalpa y El Paraíso y de la sección de Amapala, y que, pudiendo, según lo convenido, fabricarlo en el país o comprarlo a los fabricantes hondureños (como intermediario sin el cual el Gobierno haría mal en tratar con ellos) ha preferido importar, no sabemos si de Guatemala o del extranjero, los centenares de miles de botellas que ha entregado a bordo en Amapala. En adelante, al referirnos al concesionario, le llamaremos X., porque no nos importa su nombre, y sólo lo hemos mencionado ahora para hacer notar la coincidencia de ser una misma persona la favorecida de tan diversos modos por nuestro Gobierno.

Las demás cláusulas principales de la concesión son: la prohibición de introducir alcohol por los puertos de la costa Sur de la República (no por la de Norte); la introducción, libre de derechos, de las máquinas, útiles, enseres, ingredientes y materias primas que necesite para su empresa; el de pagar al Gobierno el aguardiente que necesite a sesenta y cinco centavos, en vez de ochenta y uno y cuarto centavos, precio que pagan los consumidores; y el derecho de establecer en esta capital (y no en otra parte) un establecimiento (no más que uno) para la venta pública de sus productos.

¿Y qué recibe la Hacienda Pública del señor X. en cambio de tantos privilegios? La pingüe utilidad de poder comprarle "a veinticinco centavos el alcohol que necesite para elevar al grado de ley los aguardientes rebajados de sus depósitos," y no más.

Consideramos ante todo esa concesión contraria a la ley orgánica de la renta de aguardiente y a la de contrabando y defraudaciones fiscales. A la primera, porque monopoliza en manos del Gobierno el ramo de aguardiente y prohíbe la venta de todo licor confeccionado en el país por particulares. A la segunda, porque define como delito la contravención a aquellas disposiciones.

Por eso se ha visto tantas veces gemir en los presidios a infelices hondureños, según la antigua ley, y después relegados a Roatán o Amapala, donde con frecuencia han perdido la vida, por haber confeccionado y vendido mixtela, vino de marañón o simplemente la chicha.

¿Y a qué ha obedecido tanta severidad? Solamente al interés de proteger el monopolio del Gobierno, impidiendo de aquel modo que con la venta de tales bebidas se disminuyese el consumo del aguardiente, que sólo el Estado debía vender. Y tómese en cuenta que esa pena se aplicaba y se seguirá aplicando, aunque el reo comprobase que el aguardiente empleado ha sido comprado en las tabernas públicas, al precio de 81 1/4 centavos.

Mas, tanto celo desapareció al presentarse el señor X. ofreciendo hacerse rico con el privilegio de hacer confecciones de vinos, licores, etc., y de venderlos él solo. Siendo el señor X. quien vende, la Hacienda Pública no sufre perjuicio, aunque su venta ascienda a muchos miles de pesos. Si es cualquier otro desgraciado quien vende unas pocas botellas, el Fisco clama contra el delincuente y pagará su pecado en una cárcel, mientras se le envía al puerto en que debe compurgar su torpeza de no saber distinguir que la igualdad está escrita en nuestra Constitución como una garantía de los habitantes de Honduras, pero que eso se entiende cuando no tengan que compararse con el señor X. Y los Tribunales de Justicia en los procesos de contrabando tendrán que buscar en el cuerpo del delito la marca del señor X., para absolver al procesado, o la falta de ella, para condenarlo.

Y esto sería así realmente si no fuese que a pesar de su concesión, siendo ésta ilegal, el fabricante será condenado como contrabandista por cualquier Tribunal que comprenda su deber.

Ya dijimos que esta concesión viola las leyes; y, por consiguiente, ningún Tribunal debe respetarla, y si se alega que el Poder Ejecutivo, en uso de sus facultades de legislar en el ramo de Hacienda, ha podido hacerla, diremos que cuando tales facultades se delegan al Poder Ejecutivo es para hacer leyes, es decir, disposiciones de carácter general, no para violarlas; y que además, cuando tal concesión se hizo, no tenía el Ejecutivo tales facultades delegadas, pues el decreto número 39 del Congreso en que se confirieron fue promulgado hasta el 14 de octubre de 1890, en el número 706 de "La Gaceta" oficial, casi un año después de la fecha de la concesión.

Mas, volviendo a tratar de la cuestión bajo el aspecto del daño que recibe la Hacienda Pública, encontramos que cada botella de licor vendido por el concesionario (si el aguardiente es comprado al Fisco), representa para éste, por lo menos, una pérdida de diez centavos, si lo compra infectado, o de diez y seis y un cuarto centavos, si lo compra desinfectado por él mismo, como de seguro más le conviene. Esto, fuera de otros muchos perjuicios ocasionales (o permanentes) que puede recibir, los cuales no estudiamos, por no conocer suficientemente el manejo de los depósitos del establecimiento de desinfección, y las precauciones que se tomen para tener seguridad de que todo el aguardiente que entra a ellos es devuelto a la Administración de Rentas que lo entrega, y que sólo puede entrar por orden de ésta. Tales detalles sólo puede conocerlos y apreciarlos bien el Administrador.

Podrá ser que se alegase que la pérdida sufrida por la Hacienda Pública está suficientemente compensada con el provecho que recibe el país por la introducción de una nueva industria. Pero basta fijarse un poco en la materia para observar, que si esa industria no se ha desarrollado en el país, ha sido por causa del monopolio; pues sin él bastaría a cualquiera tener a la vista uno de tantos "Manuales del Licorista," que le costaría unos cincuenta centavos, para saber teñir el aguardiente y darle el nombre de "cognac," vino, etc.; y aun sin tales manuales, señoras hay en esta Capital, en Comayagua, Olancho, Choluteca y muchas otras partes de Honduras, que fabrican vinos de uvas y otras frutas del país, indudablemente superiores, según el concepto de personas que entienden más que nosotros, a los fabricados por el señor X., con la ventaja de ser bien conocidas como inocentes para la salud las materias primas que en su confección emplean.

Concluimos pidiendo al Congreso la improbación de esta concesión por ser ilegal y dañosa para la Hacienda Pública, y porque, lo mismo que la contrata de aguardiente, otorga privilegios exclusivos, que el Poder Ejecutivo no tiene facultad de otorgar en ningún caso.

20 de marzo de 1891.

CONSTITUCIÓN LIBERAL: LIBERTAD RELIGIOSA

Otro de los derechos del hombre que el partido liberal ha declarado en su Constitución, es el consignado en el número 6.° del artículo II, en estos términos:

"La libertad religiosa; y en consecuencia la absoluta independencia entre la Iglesia y el Estado, y la positiva tolerancia de todos los cultos, con tal que sus prácticas no afecten la moral o el orden público."

Este derecho natural en el hombre como la facultad de pensar, fue, sin embargo, absolutamente desconocido en los pueblos de la antigüedad. Entonces la diferencia de religión era por sí sola causa bastante para considerarse los pueblos y los hombres enemigos; y se inmolaban mutuamente en las aras de sus dioses. La caridad para con los enemigos de la religión era imposible, porque era considerada como un crimen.

No fue una excepción el pueblo hebreo, el único, entre los entonces conocidos, que profesaba la creencia en la unidad divina, y quizá fue de los que más se señaló por su crueldad para con los adoradores de los ídolos; porque éstos, al menos, se prestaban con frecuencia a incluir en el número de sus dioses, los de los vencidos, y los hebreos, que pretendían ser los únicos poseedores de la verdad, jamás consentían en adorar a otro Dios que a Jehová.

La primera voz de tolerancia que entonces se escuchó fue la de Jesús de Nazaret, quien no hizo distinción para predicar sus doctrinas entre gentiles y judíos, porque a todos los consideraba como hijos de Dios y por consiguiente como hermanos. Pero tal doctrina en aquellos tiempos era una sentencia de muerte, y Jesús la sufrió, como tantos otros que han intentado hacer una revolución en las ideas.

Su muerte fue, sin embargo, la consagración de su doctrina; y sin pensarlo sus enemigos, como siempre sucede a los perseguidores del libre pensamiento, prepararon el triunfo del cristianismo, que apenas dilató cuatro siglos para ser completo.

Mientras tanto sus adversarios trataron de extirparlo, a la vez que calumniando vilmente a sus adeptos, arma que siempre emplea quien no tiene razón, haciéndoles morir en atroces suplicios. La santa resignación de los mártires, la energía de su carácter, su heroico valor en medio de los más atroces suplicios, dieron el natural resultado de estimular a todos los creyentes y de procurar cada día nuevas conversiones, hasta llegar a adquirir el cristianismo el predominio en el mundo, que estaba entonces casi reducido al Imperio Romano.

Por política, sino por convicción, resolvió un emperador hacerse cristiano, y se cambiaron entonces los papeles. Los antes perseguidos se convirtieron en perseguidores, porque no podía ser de otra manera, en una época en que la religión era la esencia de la sociedad. Fue, a pesar de eso, un error que pudo detener al cristianismo en su gloriosa carrera, porque provocó una poderosa reacción del paganismo agonizante, con Juliano, llamado el apóstata, a la cabeza del Imperio; y la nueva doctrina debió su salvación a que, no obstante aquel error, representaba el progreso de la humanidad, con la destrucción de una religión desacreditada, que no profesaba ya sino el vulgo ignorante, siendo en las clases elevadas no más que un medio de dominación, como tantas otras lo han sido en todos tiempos, cuando la corrupción se apodera de las costumbres.

Perdido para siempre el apoyo del poder para la antigua religión, que tenía ya sólo una vida ficticia, fácilmente fue desapareciendo, hasta perderse del todo con el transcurso de pocas generaciones; porque su prestigio no podía contar sino pocos mártires en sus filas, ya que sólo los engendran las doctrinas que impulsan a la humanidad hacia adelante.

Debería creerse que el triunfo del cristianismo debió traer consigo las ideas de tolerancia que predicó su fundador; pero la influencia de los tiempos impidió que tan sana y santa doctrina prevaleciese, contra la noción judaica del exclusivismo en la posesión de la verdad, de que la nueva religión quedó impregnada.

Continuó como en la antigüedad íntimamente ligado el poder civil y el religioso, y eso hacía imposible desarrollarse el germen de caridad que encerraba la doctrina cristiana, porque se consideraban como delitos contra el Estado las discordancias religiosas, y viceversa. Y ese poder inmenso e incontrastable que naturalmente se puso en manos de los jefes de la Iglesia, ocasionó los cismas y las herejías, que tanto turbaron en la Edad Media la paz de las naciones; y engendró las persecuciones contra los disidentes, tan crueles como las que los cristianos habían sufrido cuando predominaba el paganismo.

Por causas semejantes volvió a producirse en parte el mismo fenómeno. Las persecuciones vigorizaron la oposición, y los predicadores de la reforma religiosa lograron al fin separar del catolicismo varias naciones.

Si el triunfo del protestantismo no fue completo, se debió a varias causas diferenciales, entre ellas, las principales, estas: que la discordancia no era tan sustancial como entre el paganismo y el cristianismo, pues todos rendían culto al mismo Dios; que entre los protestantes no había tampoco unidad de creencias, y les faltaba la unidad de acción, que da la fuerza en el combate; y que los jefes de las naciones católicas, comprendiendo el peligro, disminuyeron el rigor de las persecuciones, admitiendo en sus leyes cierta tolerancia, al menos para no penetrar tan rudamente al sagrado del hogar.

Podría pensarse que en las naciones donde triunfó el protestantismo en nombre de la libertad religiosa, quedó ésta reconocida como una verdad indiscutible, y consagrada como un principio de su legislación. Pero, por una de esas inconsecuencias tan comunes en el espíritu humano, no fue así. La Inglaterra nos ofrece de ello la mejor prueba; pues en ella estuvieron alternativamente alimentando las hogueras, protestantes y católicos, y aun hoy no puede decirse que esté garantizado por completo aquel derecho.

A la revolución francesa cupo la gloria de declarar por primera vez, en toda su plenitud, el derecho de pensar libremente y de manifestar libremente el pensamiento, y por consiguiente de profesar cualquier creencia religiosa o de no profesar ninguna. Así fue proclamada la doctrina; y aunque posteriormente no fueran con ella consecuentes los revolucionarios, la verdad había brillado ya, y no ha podido volver a oscurecerse. Calmada la excitación de las pasiones, el principio se ha abierto paso, y brilla hoy en la mayor parte de las constituciones, especialmente de la América. Donde no está consagrado con tanta libertad, está admitida por lo menos la tolerancia, salvadora de la conciencia humana y protectora del hogar.

En Honduras, desde su primera Constitución, quedó tolerado el ejercicio privado de todos los cultos, aun-que, para daño del catolicismo, permaneció unida la Iglesia con el Estado; hasta que la de 1880 decretó su separación, y por consiguiente, la absoluta libertad religiosa.

Como esa declaración se hizo sin choque, sin resistencias, no hemos tenido que lamentar la inconsecuencia en otros países cometida, de consagrar el principio, y perseguir sin embargo al clero católico en nombre de la libertad proclamada.

El partido liberal, por convicción, ha repetido la declaración constitucional, con las aclaraciones que ha creído necesarias, para hacer notar que no se cree con derecho para intervenir en manera alguna en el ejercicio de los cultos, sino en caso de que sus prácticas afecten la moral (por ejemplo la secta de los mormones), o el orden público (como si un predicador concita a la rebelión). En consecuencia, el partido liberal cree que debe suprimirse el derecho de suprema inspección que la Carta Fundamental vigente otorga al Estado sobre los cultos; pues podría servir de pretexto para restringir el ejercicio, precisamente, del único que en el país tiene templos y públicas manifestaciones.

Con frecuencia hemos oído argumentar en contra de la libertad religiosa en Honduras, diciendo: que no habiendo más culto que el católico, es innecesario decretarla, y ese culto debe ser sostenido por el Estado cuyas rentas pagan los católicos: que por lo mismo basta la tolerancia de los demás, dejando como único oficial el culto católico. Ese mismo argumento, sin embargo, es el que ha mantenido durante tantos siglos confundidos los intereses religiosos y políticos, engendrando todos los males de que las naciones han sido víctimas, y ligeramente hemos reseñado, y concluyendo por hacer perder todo su prestigio a la religión dominante, que se hace responsable de todos los errores cometidos por el poder civil. Si se compara la actual situación del catolicismo en Honduras con la anterior a la última Constitución, se encuentra que, si aparentemente el catolicismo ha perdido algunos adeptos, hay en cambio más sinceridad en las creencias, menos hipocresía en el culto, y más independencia en el clero.

23 de marzo de 1891.

EL CONGRESO NACIONAL

Sin desistir de nuestro propósito de ocuparnos con la debida extensión de examinar los trabajos del Congreso cuando haya recesado, no queremos prescindir de tratar ahora de los más importantes asuntos que se han resuelto.

RESOLUCIÓN DE NO LEGISLAR

Contra nuestras legítimas esperanzas el Congreso acogió, por una mayoría, contratada de antemano, de 17 Representantes contra 14, la moción de 12 Representantes, de ocuparse sólo de las memorias de los Ministros y otros asuntos determinados de interés para el Gobierno, por estar para expirar los 60 días de sus sesiones. Así, quedarán sin emitirse varias importantes leyes, entre otras, la de abolición de la pena de muerte, que ya sufrió el primer debate, y es muy corta; la que reglamenta el recurso de amparo para hacer efectivas las garantías individuales, aprobada ya hasta el 6.° de sus artículos en último debate; la que provee a la emancipación de los selváticos, en tercer debate; y el proyecto de supresión de la prestación personal.

A juzgar por los diputados que apoyaron la moción, que son los empleados del Gobierno o familiares del Presidente, debería creerse que éste tiene interés en que tales leyes no se emitan.

Pero, por diferentes razones, eso no lo concebimos.

Respecto a la abolición de la pena de muerte, porque el Presidente lo prometió al pueblo hondureño en su famosa Orden General, cuando rebosaba su alma de gratitud, por haberle salvado de la difícil situación en que le colocó la sublevación de Sánchez; y no cumplida tan solemne promesa, daría derecho para dudar de todas las que ha hecho o haga en adelante. Además (aunque eso fuese la mayor honra para el Partido Liberal, preferimos no tenerla), se creería hizo tal promesa, no obedeciendo a sus propias convicciones y generosos sentimientos, sino a la influencia de ese partido que en aquellos momentos exclusivamente le rodeaba; y que al caer de nuevo bajo la del partido oficial, se ha arrepentido.

Para que el Gobierno se opusiese a la emisión de la ley que ha de proteger a los ciudadanos, principalmente contra las arbitrariedades de sus propios empleados, sería preciso creer que está dispuesto a ordenarlas y a tolerarlas más que nunca, y que obedece la resistencia a cálculos electorales; sería preciso creer cierto lo que han dicho progresistas de alta posición, refiriéndose a la presente lucha electoral: que el Gobierno y su partido no pueden consentir en que esa ley se emita, porque con eso forjarían ellos mismos el arma con que el Partido Liberal habría de defenderse, y obtener el triunfo en las elecciones; sería preciso, pues, creer que el Gobierno pretende luchar con todas armas y privar a la oposición hasta de la protección de las leyes, que son las únicas que quiere y puede emplear. Ruin por demás sería tal proceder, y probaría al pueblo hondureño, a Centroamérica y al mundo entero, que el Gobierno no tiene en el país más apoyo que la fuerza.

Para que se opusiese al proyecto de emancipación de los selváticos, sería preciso que no hubiera en el Gobierno el más leve sentimiento de humanidad, y, por el contrario, gran interés en mantener esas desgraciadas tribus en la esclavitud.

Para oponerse a la abolición de la prestación personal, sería preciso que el Gobierno tuviese especial placer en ver extorsionadas por el cobro de ese odioso impuesto, a infelices gentes, y aumentarse diariamente la emigración; sería preciso creer que no toma en cuenta en manera alguna la opinión pública, que generalmente rechaza ese impuesto, principalmente por las muchas arbitrariedades a que su cobro da lugar.

Y por último, para rechazar los demás proyectos de ley que hay pendientes, todos de marcada utilidad, sería preciso creer que el Gobierno tiene la pretensión de que cuanto él hace es bueno y no consiente en que se modifique; y que no siendo tales proyectos presentados por él ni por los suyos, es razón bastante por sí sola para considerarlos malos.

RECESO DEL CONGRESO

El diputado Durón presentó una moción pidiendo se decretase la prórroga de las sesiones del Congreso; y, por 21 votos contra 7, se resolvió: que sólo el Ejecutivo tiene la facultad de prorrogarlas, a pesar de que el artículo 37 de la Constitución, declara las sesiones esencialmente prorrogables; y de que, según el número 10, artículo 72, la facultad concedida al Ejecutivo para hacerlo, es una excepción a la regla, para los casos en que algún grave interés nacional requiera la continuación de ellas. Pensar de otro modo, es sujetar al Legislativo a una humillante dependencia del Ejecutivo, Para que se opusiese al proyecto de emancipación de los selváticos, sería preciso que no hubiera en el Gobierno el más leve sentimiento de humanidad, y, por el contrario, gran interés en mantener esas desdichadas tribus en la esclavitud.

Para oponerse a la abolición de la prestación personal, sería preciso que el Gobierno tuviese especial placer en ver extorsionadas por el cobro de ese odioso impuesto, a infelices gentes, y aumentarse diariamente la emigración; sería preciso creer que no toma en cuenta en manera alguna la opinión pública, que generalmente rechaza ese impuesto, principalmente por las muchas arbitrariedades a que su cobro da lugar.

Y por último, para rechazar los demás proyectos de ley que hay pendientes, todos de marcada utilidad, sería preciso creer que el Gobierno tiene la pretensión de que cuanto él hace es bueno y no consiente en que se modifique; y que no siendo tales proyectos presentados por él ni por los suyos, es razón bastante por sí sola para considerarlos malos.

RECESO DEL CONGRESO

El diputado Durón presentó una moción pidiendo se decretase la prórroga de las sesiones del Congreso; y, por 21 votos contra 7, se resolvió: que sólo el Ejecutivo tiene la facultad de prorrogarlas, a pesar de que el artículo 37 de la Constitución declara las sesiones esencialmente prorrogables; y de que, según el número 10, artículo 72, la facultad concedida al Ejecutivo para hacerlo, es una excepción a la regla, para los casos en que algún grave interés nacional requiera la continuación de ellas. Pensar de otro modo, es sujetar al Legislativo a una humillante dependencia del Ejecutivo,

es desnaturalizar las instituciones democrático-representativas.

Esta resolución del Congreso fue el segundo golpe mortal dirigido por el Gobierno a la emisión de las leyes a que antes nos hemos referido. Si el Gobierno quiere probar lo contrario; si quiere quedar a cubierto de la gravísima responsabilidad que sobre él pesa, y de las fundadas suposiciones a que ya hemos dicho da lugar, que prorrogue las sesiones del Congreso, para que despache todos los asuntos pendientes y en especial los proyectos de ley que se hayan presentado, y si realmente tiene razones para creer malos esos proyectos, que ordene a sus diputados combatirlos; pero que no rehúya la discusión de asuntos tan importantes para el país.

LA MEMORIA DE HACIENDA

Tres días se ha debatido ya este importante documento, y se han presentado cuestiones de grande importancia.

Fue la primera la moción presentada por el diputado Gutiérrez para que se pidiesen al Gobierno los comprobantes de la inversión dada por el Presidente de la República a doscientos treinta y tantos mil pesos que recibió personalmente de la Dirección General de Rentas durante el bienio, ya deducidos los treinta y seis mil pesos, que tenía derecho de recibir, según la Ley de Presupuesto, por sueldos y gastos de representación.

Presentó esa moción dicho diputado, porque no se ha dado por satisfecho, como no nos damos tampoco nosotros, con la explicación dada por el Gobierno verbalmente a la Comisión de Hacienda, afirmando, que "el Presidente al recibir esos fondos fue simple intermediario, y que la cuenta de su inversión está involucrada en las generales de dicha oficina." Esa explicación no satisface, porque para estar en razón sería preciso que el Presidente hubiese recogido comprobantes de la inversión dada por él al dinero, en cuyo caso los cuadros presentados por el Director carecerían de objeto, porque, en definitiva, no habría sido el Presidente quien recibía. O si para describir con verdad las operaciones, quería hacerse aparecer la entrega, la Dirección habría cometido falsedad, no haciendo aparecer la devolución, y dejando pesar sobre el Jefe del Estado tan grave responsabilidad. En verdad, preferiríamos que se nos demostrase una torpeza y hasta una falsedad cometida por el Director de Rentas, antes que el quedar la responsabilidad a cargo del Presidente, como sucede, en consecuencia de lo resuelto por el Congreso, y en vista de los cuadros publicados en un informe oficial no contradicho, y antes bien, acompañado como anexo o comprobante de la Memoria.

Se nos asegura también que la moción a que nos referimos comprendía la presentación de los comprobantes de todos los gastos fuera de presupuesto; pero también se creyó asunto baladí exigir al Ejecutivo que justificase la debida inversión de dos millones de pesos.

El diputado Lozano presentó moción para que se improbasen los acuerdos en que el Gobierno ha perdonado a varios Administradores de Rentas los alcances que los Tribunales han declarado a su cargo, al rendir sus cuentas, y que sumados pasan de un centenar de miles de pesos. Pero como si se tratase de dinero perteneciente a la Hacienda Pública de la China y no de Honduras, no lo creyeron digno de ser tomado en consideración y fueron aprobadas por la mayoría tales disposiciones del Gobierno, que implican no sólo el perjuicio pecuniario, sino la desmoralización en el manejo de las rentas públicas, pues estimulan la negligencia y hasta el fraude.

Quedan todavía pendientes muchas importantes cuestiones relacionadas con el Ramo de Hacienda. Ojalá que los señores diputados, al resolverlas, se olviden de quedar bien con el que manda, sancionando todos sus actos, por incorrectos que sean, aun en casos en que él mismo quizá ha conocido su error y desearía lo contrario, y se acuerden más de los intereses del pueblo que representan. Esperemos aún.

30 de marzo de 1891.

CONCLUSIONES SOBRE EL EMPRÉSTITO

Vamos a ocuparnos por última vez del proyectado empréstito, resumiendo nuestros argumentos no contestados, y contestando los que lo merecen, publicados por el Gobierno bajo los anónimos X. X. y V. de C. en los últimos números de "La Nación," con las siguientes conclusiones:

1.ª—No hemos dicho que el Gobierno está insolvente sino que Honduras lo está por su deuda exterior, porque insolvente está toda nación que no cubre el fondo de amortización ni paga los intereses de un empréstito; y tenemos entendido que en tal caso no puede lanzar uno nuevo sin hacer arreglos sobre el primero. No es falta de patriotismo hacer tales declaraciones, porque son hechos, por desgracia nuestra, bien notorios en Europa. Si contra toda regla de bolsa, el Gobierno sabe que puede colocar ese empréstito, diga en qué se funda. Si no lo dice, ese misterio debe poner alerta al Congreso, que tiene derecho a saberlo para no poner en ridículo al país, y por eso sólo debe denegar la autorización.

En cuanto a la deuda interior no hemos dicho que Honduras está insolvente, porque es falso. Hemos dicho que tiene de sobra, según datos oficiales, para pagar esa deuda; pero no lo hace, porque el Gobierno está insolvente puesto que no cumple actualmente sus compromisos; y lo está por mala administración, según lo declara el informe de la Dirección y se deduce de tanto acuerdo que actualmente examina el Congreso, perdonando alcances de empleados; de tanta regalía en favor de los mismos miembros del Gobierno y de otros favoritos, como se ha hecho, y aparecerán en posteriores discusiones de la Cámara; y de tantos otros puntos oscuros, como resultarán en la Memoria de Hacienda.

2.ª—Aunque el empréstito fuese realizable, no debe lanzarse en la actualidad; porque si no es el único objeto ofrecer una perspectiva de halagadora remuneración a los amigos del Gobierno, para que trabajen con entusiasmo en favor del candidato oficial en las próximas elecciones, podría ser que realmente se invirtiese, si se lograse realizarlo, una parte en ese fin. El decoro de los miembros del Congreso (la mayoría), declarados, faltando a su deber, activos propagandistas de esa candidatura, debe obligarlos a abstenerse de autorizar esa negociación.

Por otra parte, si se lograse allegar los fondos que por medio de ella se trata de conseguir, la conciencia debe decir a los señores diputados que no hay garantía de que se inviertan en el objeto indicado, y no como lo han sido las rentas ordinarias de la nación. Si por una mal entendida consecuencia para con el Gobernante amigo, e inconsecuencia para con el pueblo, a quien representan, se permiten aprobar hasta lo mal hecho por el Gobierno, al menos protejan el porvenir del país, aprovechando los mismos antecedentes que el Gobierno ha puesto a su vista. Estamos seguros de ser bien comprendidos por los señores diputados; pero si el empréstito se decreta, no tendremos ya reparo alguno en ser más explícitos.

3.ª—Aunque el Gobierno responde lógicamente de los ataques que dirige en sus anónimos a la persona de nuestro Redactor, ya de una manera manifiesta, como ciudadano, ya de una manera embozada, como comerciante, nos abstenemos de contestarlos o de demostrar su injusticia, porque estamos seguros de que ninguno de los miembros del Gobierno se atrevería a autorizar con su firma tales escritos, seguro de ser señalado, de acuerdo con nosotros, por la opinión pública, como CALUMNIADOR.

Desencauzar las cuestiones, es el recurso de los que no tienen razón. Por eso, el Gobierno ha querido atribuir a intereses de partido, y relacionar con la lucha electoral, la cuestión del empréstito, que afecta los intereses generales del país. Lo más probable es que triunfe la candidatura oficial; y, sin embargo, nos empeñamos en combatir ese proyecto, porque compromete la libertad de acción y el porvenir de Honduras bajo las Administraciones que sucedan a la presente. Prueba clara de nuestra afirmación será el ser reprobado el proyecto por los hombres honrados y rectos del Congreso, ya sean nuestros correligionarios, o amigos del Gobierno, o neutrales entre ambos. Veremos.

30 de marzo de 1891.

CONSTITUCIÓN LIBERAL LA IGUALDAD CIVIL Y POLÍTICA

Bajo el número 7.º de su Constitución, el Partido Liberal proclama para el pueblo hondureño, como uno de sus principales derechos, "La igualdad civil y política, con exclusión de todo privilegio; y en consecuencia, la unidad de fuero, sin más excepción que para los militares en campaña."

Nuestra Carta Fundamental consagra el mismo principio; pero hay una diferencia que consideramos sustancial.

Al establecer el fuero militar, deja para la ley secundaria el determinar su extensión; lo cual ha dado lugar a que se emitan leyes que "convierten a Honduras en un verdadero campamento militar."

La igualdad es de la esencia de la República. En la Monarquía Constitucional modelo, Inglaterra, todavía se reconoce la división de castas, que existió en todos los pueblos de la antigüedad y de la Edad Media, hasta que la revolución francesa les dio golpe mortal, consagrando el principio: "Ante la ley todos los hombres son iguales."

De Francia se ha dicho que es la nación más apasionada de la igualdad, no siendo tan celosa por la libertad, al contrario de Inglaterra, que, desconociendo en mucho aquella, se muestra orgullosa de sus instituciones por el fervoroso culto que a ésta tributa.

Consideramos ambos derechos como igualmente importantes, y aspiramos a ver llegar un día en que los hondureños, comprendiendo cuanto valen, dirijan todos sus esfuerzos a hacerlos efectivos, y se resuelvan hasta al sacrificio de su vida y de sus intereses, por mantenerlos en todo su vigor.

Por el derecho a la igualdad, el poderoso y el desvalido, el rico y el pobre, el fuerte y el débil, tienen a los mismos títulos para que todo encargado de aplicar la ley, no haga entre ellos ninguna distinción.

¿Es así como se practica en Honduras? Por desgracia no.

Verdad es, y nos complacemos en reconocerlo, que el Poder Judicial, por haberse conservado, en general, más independiente, es el que en más raros casos hace odiosas distinciones; y, cuando las hace, es casi siempre obedeciendo a la influencia del poderoso, muy raras veces a la influencia del dinero. Los jueces prevaricadores, por paga, son verdaderas excepciones en los anales de la administración de justicia en Honduras.

El Poder Legislativo, por su organización y atribuciones, debería figurar en primera línea; pero han sido tan pocas las ocasiones en que ha tenido verdadera independencia, ha estado casi siempre tan supeditado, o más bien, dominado por el Ejecutivo, que ha aprobado o secundado los extravíos de éste.

El Poder Ejecutivo ha sido en nuestro país el verdadero obstáculo para la efectividad de todos los derechos del hombre. Si rudos son los ataques que ha dirigido contra la libertad, no lo han sido menos los que de él ha sufrido la igualdad, siendo legalmente imposibles las castas, ha existido los favoritos, autorizados la de siempre, sin embargo, pueblo, lo que se también la de los enemigos del Gobierno, les antoje, seguros de la impunidad. Ha existido moai derándose tales, cualesquiera que sean las pruebas presan a ser viles instrumentos del que manda; y éstos no favor, pues no lo sabe1 que no tienen que esperar, necesitan, sino justicia, que les es debida.

No menos odiosa es la desigualdad que produce el fuero militar, ya se le considere como un privilegio o como una carga, porque es lo uno y lo otro a la vez.

Es una pesada carga para los militares fuera de servicio, o más propiamente milicianos, que cometen delitos militares, tan comunes según la ley penal militar vigente; porque contra éstos casi siempre se ensañan sus jefes, persiguiendo el fin que tanto anhelan, convertir a los ciudadanos en sus ciegos instrumentos, con cuyo objeto mantienen suspendida sobre sus cabezas la espada de su cólera, y la suspenden a la vez sobre la cabeza del padre, del hijo, del hermano, les amenazas contra la persona querida, que tienen bajo , no militares, por sus órdenes.

necesario: cuando los militares se hallen en campaña; y aspira a ver que la ley haga completa distinción entre el militar en servicio y el que se halla fuera de él, de tal manera que sea posible que en el último subsista el ciudadano.

Coadyuven los hondureños, víctimas de tan malas leyes y de peores abusos, que a su nombre se cometen, y la opinión pública se impondrá sobre el Gobierno y le obligará a reformarlas, pues son obra suya.

3 de abril de 1891.

CONSTITUCIÓN LIBERAL: EL DERECHO DEL SUFRAGIO

En relación con este derecho, el Partido Liberal ha proclamado en el número 8.° del artículo II de su Constitución "La mayor extensión del sufragio, debiendo emitirse en votación directa y secreta, con las debidas precauciones para evitar el fraude; y la representación de las minorías por la acumulación de votos en toda la República."

El derecho electoral o de sufragio es la base del Gobierno democrático-representativo. Por eso las monarquías en donde existe están más lejos del absolutismo que de la democracia.

El derecho electoral fue desconocido en la antigüedad y aun en la Edad Media. En las repúblicas griegas los ciudadanos se ocupaban todos por sí mismos de los asuntos públicos; y es en ellas donde se ha practicado la democracia en su forma más pura. Pero si aun tratándose de naciones, que eran sólo una ciudad, gravísimos inconvenientes presentó esa forma de Gobierno, en naciones compuestas de varias ciudades, tal vez a larga distancia unas de otras, y de población diseminada en extensísimos campos, es absolutamente imposible.

Por eso ha sido necesario introducir en las modernas repúblicas la representación, que no es otra cosa que la delegación del poder hecha por los ciudadanos en unos pocos, quienes tienen la presunción a su favor de ser los mejores. Hacen la delegación todas las personas a quienes la Carta Fundamental del país considera como los fieles intérpretes de la opinión pública, confiriéndoles la ciudadanía, y por consiguiente el derecho electoral.

Varía mucho en las repúblicas la extensión del sufragio, así como la manera de hacer las elecciones y la forma de las votaciones.

La Carta Fundamental de Honduras otorga el derecho electoral a todo ciudadano; definiendo como tal, a todo hondureño mayor de veintiún años, que tenga profesión, oficio, renta o propiedad que le asegure la subsistencia, y a todo hondureño mayor de diez y ocho años, que sepa leer y escribir.

En nuestro Derecho Público se han conciliado los encontrados sistemas sobre la extensión que debe darse al sufragio, tomando en cuenta y hasta cierto punto el capital, a la vez que la instrucción, con la diferencia de exigir menos edad para el que sabe leer y escribir, por presumirse, con razón, que su inteligencia está más desarrollada y comprende mejor sus derechos y sus deberes.

Otra gran cuestión muy debatida hoy en los Estados Unidos, es si el derecho de sufragio debe otorgarse a la mujer, resuelta en favor de ella en varios de los Estados de aquella gran nación; y si nosotros, los hondureños, fuésemos fieles observadores de la ley escrita, deberíamos considerarla de igual manera resuelta en la Constitución del país, pues concede la ciudadanía a todo hondureño, y define como tal a toda persona que nace en el territorio de la República o se naturaliza en él, sin distinción de sexo. Nosotros, en un Congreso Legislativo, discutiendo sobre la ley electoral, pediríamos que se cumpliese el texto de la ley constitutiva, otorgando a la mujer el derecho de sufragio, por más que quizá mantendríamos diferente opinión en una Asamblea Constituyente. Y decimos quizá, porque en verdad desearíamos ver a la mujer hondureña ocupándose de los asuntos públicos, para ensayar si en sus manos marchaban mejor; pudiendo asegurar, desde luego, que notamos, en general, en ella, mayor firmeza de carácter, mayor delicadeza, que en el hombre. Mas siendo esta cuestión, por ahora abstracta, preferimos tratarla por separado en otra ocasión.

El Partido Liberal hondureño acepta la extensión del sufragio consignada en la Constitución del país, pues es, en verdad, el sufragio universal, el único que constituye la fiel expresión de la voluntad popular. Así pueden influir en el manejo de los asuntos públicos, todas las clases sociales, desde el rico propietario hasta el infeliz jornalero, desde el hombre más ilustrado hasta el más ignorante; y así puede evitarse que el Gobierno se convierta en patrimonio de unos pocos, que forman una clase privilegiada.

Acepta, también, la votación directa, para proveer los cargos públicos de mayor importancia, porque así se evita que la voluntad popular sea burlada por delegados que atiendan más, al elegir los candidatos, a su personal interés que al bien general; sobre todo en Honduras, donde es fácil observar que la corrupción política principalmente existe en las clases elevadas, que, ya por el halago o por el miedo, están casi siempre a la orden del que mande. En el pueblo bajo, especialmente en los campesinos, se hace sentir la influencia bastarda del Poder por la amenaza y a veces sólo por violencia; pero muy raro es que sea arrastrado algún individuo de esa clase por el soborno o la paga vergonzosa, porque poco puede ofrecerse a tantos hombres, que pueda halagarlos. Puede servir como ejemplo lo que pasa en nuestros Congresos. Cuando la mayoría de los diputados aprueba todos los actos del Gobierno o secunda hasta sus más criminales miras, el pueblo bajo, como ellos le llaman, ha protestado enérgicamente, con más o menos libertad, según el grado de despotismo con que abruma al país el Gobernante.

La Constitución de Honduras establece el voto público; pero el partido liberal aboga por que sea secreto. Cuestión muy debatida es ésta entre los publicistas; pero nosotros prescindiremos de examinarla teóricamente y lo haremos tomando en cuenta las circunstancias de nuestro país.

El sufragio popular se falsea en Honduras por la corrupción o la violencia, como hemos tenido ocasión de examinarlo con detenimiento en nuestro editorial del número 12.

Si el ciudadano da su voto en alta voz, como actualmente se practica, cierto es que se sujeta al control de la opinión pública, y que por respeto a ésta puede abstenerse de elegir un candidato indigno; pero es cierto también que si alguien ha comprado su voto o se lo ha arrancado por la fuerza, puede convencerse si el infame pacto se ha cumplido o ejercer la presión hasta el último momento. En cambio, siendo el voto secreto, por más promesas que haya hecho el elector, el sobornante o forzador no pueden saber si aquel cumple lo ofrecido, pues conserva su absoluta libertad hasta el postrer instante.

En países como el nuestro se presenta el grave inconveniente de que la mayor parte de los electores no saben leer ni escribir, y tendrían que buscar quien les memuase las cédulas con los nombres de sus candidatos, quedando expuestos a ser engañados, porque no podían convencerse de si el nombre escrito era el que deseaban; pero el elector tendría muchos otros medios de cerciorarse, entre ellos, el de aceptar la cédula de manos de persona de su confianza, conocido como partidaria del candidato de su afección.

También son frecuentes los fraudes, en los países donde el voto es secreto, al practicarse el escrutinio; pero esos pueden evitarse con precauciones tomadas en una buena ley electoral.

Sin embargo de lo dicho, y aunque el partido liberal está convencido de que la libertad de sufragio sólo estaría garantizada por completo con el voto secreto, mientras no se reforme en nuestra Carta Fundamental, habrá de ser público; y la acción del partido queda limitada a trabajar porque en la ley de elecciones se consignen las mayores garantías posibles para aquella libertad

Por eso ha consignado en el 11.° 4.°, art. IV de su Constitución, que procurará "La reforma de la Ley Electoral en términos que quede protegida la efectividad del sufragio; entre otras: la prohibición de paradas o comisiones militares durante los días de una elección y durante los diez días anteriores: la prohibición de intervenir en las elecciones, directa o indirectamente, de parte de las autoridades, con una penalidad severa para los infractores: la práctica de los escrutinios ante Notario u otro Ministro de fe, y el derecho de presenciarlos y de prevenir el fraude, por medio de un representante que cierto número de ciudadanos tenga derecho de elegir".

En el Congreso que acaba de disolverse debió dictarse esa ley, proyectos, y conocemos un proyecto que a varios diputados, encontrándose entre ellos, en honor a la verdad, un progresista, se proponían presentar; pero se detuvieron, porque era por completo una nueva ley que provocaría, de seguro, largos debates, y ya se sospechaba que una mayoría de la cámara tenía intención de disolverla, aún antes de terminar el período ordinario de sesiones, si podía punto entonces resolvió los diputados del proyecto, proponer sólo las principales reformas a la ley vigente, pero tampoco fue posible porque la mayoría del congreso resolvió ocuparse sólo de determinados asuntos.

Oportunamente daremos publicidad a esos proyectos, porque queremos demostrar que el Partido Liberal es consecuente con sus propósitos, y ha hecho todo esfuerzo por comenzar a hacer práctico su programa, lo que no logró en el todo porque estaba en minoría en el Congreso; y aunque contaba con la cooperación de varios progresistas rectos y bien intencionados, siempre tenía en su contra una mayoría ciega, sorda y muda, cuando se ventilaban cuestiones de gran interés público, si afectaban los intereses personales del Gobierno o de su partido. No obstante, el Partido Liberal no desmayará en su empresa, y seguirá luchando, aunque sea contra fuerza mayor, por lograr que la república sea en Honduras una verdad.

10 de abril de 1891.

LA LIBERTAD DEL SUFRAGIO

El derecho electoral, como lo hemos demostrado en nuestro editorial, es la base de la República; de manera que, si se falsea, se tiene sólo en el nombre esa forma de gobierno, pero en verdad, impera el despotismo.

Nuestra Constitución garantiza a los electores la más completa libertad. También la garantiza la ley; pero a pesar de que todas las constituciones y leyes anteriores a las vigentes han otorgado la misma garantía, rarísimas veces el pueblo ha votado libremente.

Desde 1880 la presente Carta Fundamental rige en el país; y una sola vez, y no en todos los pueblos de la República, el pueblo hondureño ha disfrutado de completa libertad: fue en el último octubre, cuando se eligieron varios diputados. Sensible es que ese primer ensayo de libertad haya sido infructuoso, por haberse burlado después en varios departamentos la voluntad del pueblo, manifiestamente declarada. No obstante, como fue aquel el primer ensayo, debemos esperar más lealtad en adelante.

Hacemos estas reminiscencias históricas y de sucesos recientes, porque vamos a ocuparnos de definir la verdadera libertad electoral, y los medios para que sea efectiva.

El estar escrita en la Constitución y leyes no basta por sí solo; pues hemos visto que ha sido letra muerta. Se necesita que el Gobierno resuelva respetarla, o que el pueblo se decida a disfrutarla, y mejor si concurren las dos voluntades. Este último caso creemos se presentará en la próxima elección presidencial.

Por una parte, el Presidente de la República, en su manifiesto de 28 de marzo, asegura, bajo su palabra de honor, al pueblo hondureño, que sus derechos electorales serán respetados; y que él se constituye su fiel custodio; pues anhela la honra, al descender del Poder, de dejar consolidada la República. Analicemos el sentido de esta promesa, y expliquemos el alcance que le damos. Si el Presidente creyere que no la interpretamos fielmente, esperamos que por medio de la prensa oficial seria, hará la rectificación de todo error en que incurramos.

1.º Entendemos que ningún Gobernador llamará a las Municipalidades para ordenarles, ni les ordenará por escrito, que trabajen en favor de candidato alguno; ni tampoco los Comandantes harán lo mismo con sus subalternos.

2.º Entendemos que ninguna autoridad amenazará a los ciudadanos con causarles mal alguno si no firman actas o prometen sus votos en favor de determinado candidato.

3.º Entendemos que si alguna autoridad comete cualquiera de estas infracciones, que constituyen delito, el Presidente, como fiel custodio de la libertad electoral, ordenará su castigo; y que si la prensa los denuncia, mandará seguir la correspondiente investigación, pidiendo desde luego las pruebas que tenga el denunciante.

4.º Entendemos que a ningún ciudadano se obligará a prestar servicio militar, ya como soldado o como oficial, si por su edad o por otros motivos legales, está exento de prestarlo, cualesquiera que sean sus opiniones política.

5º. Entendemos que a ningún hondureño se reducirá a prisión coma sino por orden de juez competente coma aunque sea de los detenidos por enemigos del gobierno coma porque no acepta cierta candidatura.

6.º Entendemos que a ningún hondureño se reducirá a prisión, sino por orden de Juez competente, aunque sea de los tenidos por enemigos del Gobierno, porque no acepta cierta candidatura.

7.º Entendemos que el primer domingo de septiembre y los demás de la elección, no habrá parada militar para que ningún jefe pueda abusar de su autoridad sobre los subalternos, para obligarlos a votar en determinado sentido, como tantas veces ha sucedido.

8.º Entendemos que se celebrará porque la voluntad popular popular no sea burlada, sea cual fuere el resultado de la elección; Y se perseguirán y castigarán los escandalosos los escandalosos fraudes, que otras veces se han cometido y quedado impunes

Si así entiende el Gobierno el manifiesto presidencial y así lo hace entender y cumplir a sus subalternos; si, en otros términos, el elemento oficial deja de influir como tal en las elecciones, y deja su libre acción a los dos partidos que hoy existen, —el Progresista que descender del poder, podrá gloriarse, en verdad, de haber fundado la república de hecho en Honduras; y deberá estar seguro de que, quienquiera que sea su sucesor, no podrá destruirla.

Por otra parte, si el Gobierno dejase de cumplir sus deberes, y tratase de violentar la voluntad de los ciudadanos, correspondería a éstos cumplir los suyos, y resistir a las amenazas, sujetarse a las violencias, y hacer uso de sus derechos por sobre las bayonetas, si el caso llega, para hacer una verdad las instituciones y nulificar para siempre el despotismo, con la completa seguridad del triunfo; pues no hay poder, por fuerte y tiránico que sea, que resista al esfuerzo de patriotismo de un pueblo que se resuelve a conquistar sus libertades.

Y no dudamos que el pueblo hondureño sea en la actualidad capaz de tal esfuerzo, pues ha respirado el aire de la libertad, y no podrá ya vivir sin él; porque donde quiera, hasta los ciudadanos más tímidos e ignorantes, comprenden, que del resultado pacífico de la presente lucha electoral, sea cualquiera de los partidos el que obtenga el triunfo, dependen la proscripción de la guerra del territorio hondureño, y la entrada del país en la era del derecho; porque hasta entre los mismos progresistas, conocemos muchos, que son honrados, incapaces de hacerse cómplices de los abusos del poder, y serían de los primeros en protestar contra ellos, y hasta en ponerse al lado de la oposición para combatirlos.

Felizmente debe creerse que, no pudiendo ser el manifiesto presidencial una burla al pueblo hondureño, a quien tanto debe el actual Gobernante, se hará efectivo; y que así, Gobierno y pueblo unidos, harán de Honduras una Nación digna de llamarse República, y de mezclarse en el concierto de las naciones civilizadas.

La mejor prueba que el Gobierno puede dar, desde luego, de su propósito de coadyuvar a tan grande obra, es el respeto absoluto a la ley, y su fiel cumplimiento, de tal manera que pueda permitir al pueblo abrirle cuenta nueva y echar un velo sobre pasados errores.

La mejor prueba que el pueblo puede dar de su patriotismo es mantenerse dentro de la estricta legalidad, y en especial, el Partido Liberal, hoy de oposición, en fijar su vista sólo en el porvenir, al convencerse de que el Gobierno, por su parte, entra en el carril del derecho: en constituirse todos y cada uno de sus miembros, en celosos vigilantes de la conducta de las autoridades, para denunciar sus atentados, abusos o simples extravíos, a fin de que la prensa pueda hacerlos llegar a conocimiento del Presidente de la República; quien constituido en fiel custodio de los derechos de los hondureños, pondrá inmediato y eficaz remedio. Y tanto más necesaria será esa vigilancia, cuanto que, muchos empleados hay que, si fáciles para ser instrumentos del mal, a que están acostumbrados, difícilmente soportan el yugo para ellos muy pesado de la ley.

Repetimos: que deseamos oír de la prensa, órgano autorizado del Gobierno, la confirmación de nuestras apreciaciones, o su rectificación si hemos errado. Por nuestra parte entenderemos que su silencio, si no será un proceder franco y leal, nos dará derecho para deducir las conclusiones que de ellas se desprenden; y diremos al pueblo hondureño: "Atreveos a usar de vuestros legítimos derechos, y arrollad todo estorbo que la fuerza oponga a vuestro paso; que si hay quien se atreva a usarla en vuestro daño, será un hipócrita criminal, que no merece ni vuestra compasión."

10 de abril de 1891.

AL GENERAL DON JACINTO CASTRO Z.

Comandante de Armas de este departamento:

Hemos leído la carta abierta que nos ha dirigido, publicada en el número 631 de "La Nación", y fechada el 4 del presente.

Prescindimos de las injurias personales que nos dirige, pues sólo la convicción de su falta ha podido inducirle a consignarlas. Nosotros le hemos retado para que, si se cree calumniado, nos lleve a un Tribunal, ofreciéndole probar nuestras afirmaciones sobre sus abusos de autoridad. No haciéndolo, ha debido limitarse a excusarse como pudiera, o a pedir perdón de su pecado, con promesa de enmienda.

Dice el señor Castro que ha llamado a sus subalternos para asuntos del servicio únicamente; y nosotros podemos probarle que ha sido para prevenirles que trabajen en favor de determinado candidato para la Presidencia de la República.

Temiendo ser convicto de esta falta, agrega: que es cierto que trabaja en tal sentido, pero como simple particular; y no comprendemos, en verdad, qué fruto podría darle ese trabajo, siendo, como es, absolutamente desconocido y sin prestigio alguno en este departamento; a menos que haya pretendido imponerse a sus subalternos por su valor personal, pero reservando in pectore la advertencia de que no hace uso de su autoridad, como la habrá reservado también cuando se haya dirigido a ellos por escrito, por más que, quizá por distracción, haya estampado el sello de la Comandancia.

Asegura que se limita a cumplir con su deber, sin abusar nunca de su puesto; pero no se concilia esta protesta con la amenaza consignada en el último párrafo, que dice: "Y finalmente, debo decir a Ud.: que gracias sólo a la excesiva tolerancia del señor Presidente de la República, no lo coloco a Ud. y a todos los que como Ud. se portan, en el puesto que verdadera y justamente le corresponde."

Si el señor Castro hubiese leído con más detenimiento ese escrito al presentárselo para que lo firmase, se habría abstenido de hacerlo, porque se exhibe como una fiera dispuesta a lanzarse sobre su presa, a la cual sólo detiene la excesiva tolerancia del Presidente de la República. Felizmente nosotros le conocemos bien y sabemos que al hablar así se calumnia a sí mismo; pues es un hombre pacífico, de buenos instintos, con el defecto de ser bastante débil, para poder resistir órdenes o insinuaciones que contrarían las facultades que la ley le confiere.

También ha cometido el señor Castro el error de desmentir al Presidente de la República al atribuir a excesiva tolerancia suya el respeto a la libertad de la prensa y a la libertad electoral, cuando él ha declarado en su manifiesto, que lo considera como uno de sus primordiales deberes, que está dispuesto a cumplir con verdadera satisfacción.

Concluimos dando al señor Castro el consejo de que se inspire más en ese manifiesto, para que secunde mejor los propósitos de su Jefe; pues de otra suerte se expone a que éste, por mucho aprecio que de él haga, se vea en el caso de entregarlo a la justicia, para desagravio del pueblo hondureño, al cual ha hecho la solemne promesa de respetar y hacer respetar sus sagrados derechos.

10 de abril de 1891.

LA GLORIA O LA INFAMIA

Hay ocasiones dadas para los hombres públicos en que tienen necesidad de escoger precisamente entre la gloria o la infamia. Tal es la situación en que se encuentra el actual Gobernante de Honduras.

Largo tiempo el pueblo hondureño ha doblado la cerviz bajo la planta de cualquier déspota que ha querido humillarle; pero, como en todas las naciones sucede, llega el día en que el espíritu público, por tantos años aletargado, se despierta lleno de vigor: se avergüenza el pueblo de hallarse sometido al imperio de la fuerza, y quiere entrar decididamente en la senda del derecho. Claras señales de ello aparecieron desde el año anterior.

Se inició el proyecto de organizar una sociedad anónima para establecer una imprenta independiente; y contra los pronósticos de los pesimistas, el capital necesario se suscribe en todas las principales poblaciones de la República, la sociedad se organiza, la imprenta se establece, y la libertad de la prensa, que desde entonces se hace posible en Honduras, comienza a ensayarse.

En esta patriótica empresa tuvo el mérito el actual Gobernante de haber sido, como particular, el mayor accionista en la sociedad.

En mayo último murió el jefe del único partido de oposición que existía en Honduras; y ese partido, que estaba llamado a impulsar la evolución a que está sometido el pueblo hondureño, pareció aniquilado, para no levantarse más, porque no contaba entre sus miembros con ninguno tan sobresaliente que pudiese sustituirlo. Pero la misma magnitud de la pérdida, hizo notar el gran vacío que causaba; y creó la necesidad de organizar aquella agrupación como verdadero partido político. El resultado excedió a las esperanzas de los iniciadores de la idea, porque el espíritu público, ya despierto, se apoderó de ella, y desde el primer momento fue acogida con entusiasmo en varias importantes poblaciones. Tampoco el Presidente Bográn opuso obstáculo alguno a esta empresa, y se limitó a dejar hacer.

Apenas iniciada la organización del partido, decidió entrar en la lucha electoral para designar Diputados al Congreso. Y en todos los lugares donde tuvo tiempo de luchar, obtuvo éxito nunca visto, pues en varios departamentos fue suyo el triunfo, y en los demás opuso grupos respetables de electores a las masas oficiales, a pesar del corto tiempo de que dispuso para sus trabajos. El Presidente de la República en esa ocasión dejó al pueblo en libertad, de que, en general, disfrutó en todo el país; y supo aprovecharse de ella, no obstante ser novicio en esa clase de lides.

Tales precedentes hicieron creer, con razón, que el Gobierno se había penetrado de la verdadera situación del país, y que estaba identificado con el pueblo en el propósito de fundar en Honduras la república de verdad; pues de lo contrario, siguiendo una buena regla de prudencia cuando se quiere mantener el despotismo, debió tratar de ahogar en su cuna las primeras manifestaciones de la opinión pública, que demostraron el anhelo del pueblo por la libertad.

Así lo entendió el Partido Liberal, identificando sus intereses con el mantenimiento de la paz y del orden regular de esta capital y villa. Por eso, el Partido Liberal entonces ni sabía quién había de ser su Jefe, y se lanzó en masa a proteger al Jefe de la Nación, abandonado a las garras de un sátrapa sublevado. Tan bella lección de moralidad política, como la calificó el General Bográn, dio su natural fruto; pues al ser conocida en el resto del país, se improvisaron ejércitos por todas partes, y en menos de ocho días fue sofocada la rebelión. Fue ésta la mejor ocasión para acabar de despertar el espíritu público, cuya existencia quedó bien demostrada. Por primera vez se dio el caso de no contarse más de seis desertores en cerca de cuatro mil hombres que vinieron sobre esta capital; formando contraste con lo ocurrido pocos meses antes, cuando se colocaron fuerzas de observación en la frontera salvadoreña, pues entonces las deserciones se contaban por centenares, sin haberse visto de lejos siquiera al enemigo.

Manifiesto de 28 de marzo, el respeto a las públicas libertades, y principalmente, las de la prensa y del sufragio, ¿está cumpliéndose? ¿Está colocado el General Bográn en la vía de realizar la noble aspiración que ha dicho tiene de ser fundador de la República?

Ciertamente hasta hoy es un hecho la absoluta libertad de la prensa; pero como ésta no es más que un medio para la realización de todos los elevados fines que el patriotismo puede perseguir; como estos fines no pueden realizarse sin el concurso de las demás libertades, no puede decirse aquélla consolidada, mientras no se haga práctico el respeto a las demás, mientras no sea la ley la única norma de los actos de los funcionarios públicos. Muchos son los abusos que en números anteriores hemos denunciado, y graves, muy graves, los que en este mismo número se denuncian. Muy lejos debe hallarse el pueblo hondureño de considerarse satisfecho de la libertad electoral, mientras el Presidente tolere la imposición de las autoridades sobre los ciudadanos, y mientras éstos se vean amenazados con el destierro, la relegación u otros males, por más que se pretenda disfrazarlos con fútiles pretextos. Queremos creer que lo que hasta hoy ha ocurrido han sido sólo resabios de pasado despotismo.

No había sido por esto mucha nuestra alarma por los extravíos cometidos por empleados inferiores. Pero al ver que el mismo Presidente en persona, hace alarde de autoridad ilimitada, tememos con razón que, contra toda esperanza, contra toda conveniencia pública y personal suya, la libertad esté expirante en Honduras.

Tememos que el General Bográn no se haya penetrado de lo muy difícil que es la tarea que se ha impuesto, y no tenga fuerza de voluntad suficiente para dominar sus primeros impulsos, que tantas veces le han sido funestos y funestos para el país.

Convénzase el General Bográn. No va en camino de alcanzar la gloria de fundador de la República. La gloria no se consigue a medias, ni con palabras, sino con hechos. Lo más difícil de su posición es que ya no puede retroceder, sin caer en la tiranía; y si el despotismo por sí solo infama al que lo ejerce, el apodo de tirano echa torrentes de lodo sobre el nombre de quien lo lleva. Retroceder ahora sería engañar a un pueblo generoso, defraudándolo en sus más justas aspiraciones, y corresponder con la más negra ingratitud a los patrióticos esfuerzos que ha hecho por conquistar su libertad, por levantar muy alto la honra nacional, evitando la consumación de un crimen en la persona de su primer Magistrado. Sería infame no resolverse a posponer los mezquinos intereses personales, a los sagrados de la patria.

Ningún Gobernante se ha encontrado en tan ventajosas condiciones como el General Bográn para alcanzar la gloria que pretende conquistar. Tiene enfrente una oposición de la cual no tiene que temer que recurra a las armas, mientras tenga abierto el camino del derecho, porque cuando las ha tomado, ha sido para defender al mismo Gobernante a quien combate. Ni siquiera tiene que temer los desbordes de la prensa de esa oposición, cuando pudiera perjudicar los intereses de la patria, porque prefiere dejar de aprovechar poderosas armas de partido que podría esgrimir con fruto, a causar el menor daño a los legítimos intereses del pueblo o a la honra nacional. Ningún pretexto tiene, ni debe tener el Gobierno para recurrir a la violencia. Nuestros adversarios se muestran convencidos de que su triunfo en las próximas elecciones no es dudoso, aun sin salirse del recto sendero; pero si tal no es su convicción, el General Bográn debe probar que es cierto que para él es indiferente la persona que ha de sucederle en el poder. Si, por accidente, la oposición triunfase, entonces nadie podría disputarle la gloria a que aspira, pues sería bajo su administración que tal fenómeno se realizase; y dentro y fuera del país se tendría que confesar: "Bográn ha hecho de Honduras una república de verdad."

Tal cual es la situación del país, si se pretendiese ahogar la libertad, no se haría sin resistencia. Los medios otras veces empleados serían hoy ineficaces. Todo liberal está resuelto a seguir adelante y resignado hasta al sacrificio, antes que retractarse de su credo y desistir de sus propósitos. Buenas pruebas hay ya de que antes que lograrlo, se vería el Gobierno obligado a despoblar las ciudades, villas y aldeas, o a llenar de prisioneros las cárceles; y quién sabe si hasta derramar torrentes de sangre en los patíbulos.

La elección no es dudosa. Jamás podremos creer que el General Bográn prefiera legar a sus hijos un nombre infamado por el crimen, en vez de la gloria que dice aspira a conquistar, y las bendiciones de un pueblo agradecido.

17 de abril de 1891.

SAMUEL S. VALLADARES

Este joven patriota, de cuya relegación a Roatán nos ocupamos en un suelto del número 26 de este periódico, salió para su destino el miércoles último. Dados los antecedentes que en aquel suelto publicamos, ese hecho reviste la mayor gravedad, pues quizá sea el primer eslabón de la cadena que ha de atar las públicas libertades en Honduras. Por lo mismo merece que nos ocupemos de él con el debido detenimiento, exponiendo quién es Valladares, y su posición social, cuál ha sido su conducta con motivo del procedimiento de que ha sido víctima, cuál la conducta del Gobierno, y la ilegalidad con que éste ha procedido.

Samuel S. Valladares, es hijo de un honrado anciano, casi ciego, artesano como aquél. Entre todos los de su clase se ha distinguido siempre por su carencia absoluta de vicios y su exactitud en el cumplimiento de sus compromisos, por lo cual, jamás le ha faltado trabajo; y ahora mismo, al abandonar su hogar, en el que deja sin amparo a su esposa y dos hijos en la infancia, ha tenido que faltar por primera vez a cuatro o cinco contratos de obra que tiene pendientes. Con su oficio de albañil gana mensualmente, y por término medio, por lo menos cien pesos; y así ha logrado mantener a su familia en una posición desahogada; y por último, es uno de los patriotas que mejores servicios prestaron al Gobierno, o por mejor decir al Presidente de la República, cuando el General Sánchez se alzó con los cuarteles, y él se vio abandonado de los mismos que hoy le piden violencias contra el Partido Liberal. ¿No es esto el colmo de la inmoralidad política?

Al recibir su nombramiento de Guarda de Roatán, empleo que tiene un sueldo de cuarenta y cinco pesos mensuales, presentó la renuncia, o por mejor decir, la exposición de los motivos porque no aceptaba el nombramiento, fundándose en los antecedentes que dejamos indicados, y el principal de todos, que no quería ni le convenía aceptarlo. Ese escrito fue formulado por nuestro Redactor, quien, como Abogado, le dio su opinión de que no siendo cargo concejil, no es de servicio obligatorio y con esta convicción, la tuvo también de que el Gobierno aceptaría la excusa a Valladares, puesto que se precia de respetuoso a la ley.

Sin embargo, contra esta creencia, Valladares fue llamado para notificarle que no se le admitía la renuncia, previniéndole marchase a ocupar su puesto en el menor término posible. En aquel momento (y no antes, como se ha querido hacer valer, aunque tampoco le habría faltado derecho) declaró al Subsecretario de Hacienda señor Medal, que no cumpliría esa orden, porque ya había manifestado no poder servir el destino.

Pasaron algunos días, y Valladares fue citado por orden del Presidente Bográn a su despacho privado, para el día siguiente a la una de la tarde. Valladares nos consultó si no concurriría a la cita, mostrándose inclinado a no hacerlo por temor de ser ultrajado. Nosotros le dijimos que de seguro no descendería de su elevado puesto para insultar, y menos a cualquiera de sus muchos instrumentos. Atendió nuestra indicación; y acompañado del General don Erasmo Velásquez, como le fue ordenado, se presentó ante el General Bográn. Éste le previno con gran dureza de estilo y de lenguaje, que al amanecer se marchase, y ordenó a Velásquez que, de no hacerlo, él lo condujese (Velásquez no está en actual servicio), escoltado.

Debe presumirse que el Gobierno, al nombrar un empleado, le conoce bien, y sabe por lo mismo si es de hacer con buena voluntad. Principalmente el puesto de Guarda, que exige sólo actividad y vigilancia, no puede ser bien servido por aquel que lo rechaza. Se ve, pues, bien claro que no se consultó razón alguna de interés público al nombrar a Valladares, que se sabía no quería aceptarlo, sino intereses privados ilegítimos. Se ve claro, y lógicamente se deduce, como lo afirmamos en otra ocasión, que ese nombramiento obedece a la negativa de Valladares a retirarse del Partido Liberal y a trabajar por la candidatura oficial; a pesar de que, además de hacer con ello uso de un legítimo derecho, tenía motivos personales y de familia para su negativa, que al Gobierno no se ocultan.

Si el nombramiento no obedeció a esas razones, al presentarse la renuncia, el Gobierno, por motivos de conveniencia y para respetar las leyes, debió aceptarla. Resolvió lo contrario fundándose en el artículo 121 de la Ley de Hacienda, que dice: "Los empleados de rentas que tengan nombramiento en propiedad durarán en sus respectivos destinos, por todo el tiempo de su buena conducta, salvo el caso que determina el artículo 105 de la Constitución (ser electo Representante al Congreso) o que renuncien pasados dos años desde el día de su posesión."

Se ve claramente que la primera parte de este artículo tiende a garantizar al empleado en su puesto, y la última a garantizar al Estado, obligando al que contrajo por la aceptación el compromiso de servirlo, a permanecer en él por lo menos dos años.

Sólo los cargos concejiles son de aceptación obligatoria, porque la ley así lo ha declarado señalando las causas de excusa para no ejercerlos. Si no declaró lo mismo respecto a los empleos de Hacienda, y en general, respecto a los remunerados, claro es que a nadie se puede obligar contra su voluntad a servirlos.

Mas, suponiendo que fuesen de aceptación forzosa, ¿quedará al capricho del Gobierno aceptar o no las renuncias? ¿Podrá éste legítimamente obligar a ponerse en camino a un anciano achacoso o a un enfermo, aunque vaya derechamente a la muerte? ¿Podrá obligar al hombre de negocios a abandonar el lugar donde tiene el asiento de ellos, y a soportar tal vez su completa ruina? ¿Podrá, como en el caso presente, obligar a un hombre con familia, con compromisos, a dejarlo todo por servir un empleo, cuyo sueldo, que no ha de pagársele, apenas le basta para su propia subsistencia, y en un lugar cuyo clima es mortífero para todos los que van del interior? Si Valladares muriese en Roatán, ¿no habría sobrada razón para llamar a todos los que han intervenido en su relegación sus asesinos?

Y tomando en cuenta los antecedentes denunciados por la prensa respecto a la tentativa infructuosa de seducción y amenazas de que fue objeto Valladares de parte del Ministro de Gobernación y Comandante de Armas, que queremos creer no conocía antes el Presidente, y que no desmintieron los acusados, ¿no exigía el decoro del Gobierno la admisión de la renuncia, aunque no hubiese alegado justas causas, ya que hacer empleados por fuerza es contra toda regla de buena administración? Y en caso de no admitirla, ¿ha tenido el Gobierno derecho para obligarle a marchar, como si fuese un esclavo, en vez de someterle a juicio por los Tribunales de Justicia, si con su negativa cometía delito? No conocemos ley que otorgue al Gobierno una atribución tan vejatoria.

El Gobierno ha sostenido la errónea doctrina de que el empleado que no acepta sus candidatos en una lucha electoral, es una especie de traidor, indigno de su puesto; y por ello se le despoja. Llamamos errónea esa doctrina, porque tal es nuestra creencia, que extensamente hemos defendido en otra ocasión; pero como toda doctrina, profesada de buena fe, la respetaríamos, si viésemos que quien dice profesarla la practicase. Sin embargo, prueba lo contrario el procedimiento empleado con Valladares. Bien sabe el Gobierno que pertenece al partido de oposición, y no acepta la candidatura oficial: de consiguiente, estaría en su derecho, si al llegar a Roatán comenzase la propaganda contra la política del Gobierno, y en favor de un candidato distinto que el que éste proclama; y, o se le castigaría arbitrariamente, y con manifiesta injusticia, o se le toleraría que diese mal ejemplo a los demás empleados, con manifiesta inconsecuencia.

Se asegura que se había dado la orden de admitir la renuncia, y por las apreciaciones de la prensa se retiró. Verdadera debilidad, revestida de las apariencias de la fuerza. ¿Por qué había de responder Valladares de lo que otro hiciera, si no estaba en su mano impedirlo? Si tuvo razón el escritor, el medio de callarlo será obrar rectamente. Si fue injusto en sus apreciaciones, combátasele por los mismos medios. Si hizo falsas afirmaciones que puedan constituir una calumnia, llévesele a un Tribunal a que responda de su delito; y si tales medios no cuadran, por lentos o poco eficaces, y porque no se quiere rectificar ni se puede combatir ni acusar al escritor; y si por último se prefiere dar golpes de mano que infundan el terror o el desaliento, no se haga víctima de ellos al inocente; búsquese al que se llama culpable, y ensáñese con él el poder.

17 de abril de 1891.

TODAVÍA ES TIEMPO

En nuestro editorial del número anterior pusimos de manifiesto los dos caminos que el Gobierno puede seguir en su política actual, y el término seguro de su carrera. Expresamos también nuestra creencia de que la elección no es dudosa para el General Bográn, y habrá de seguir el que le conduzca a la gloria a que pretende aspirar, que ningún otro Gobernante antes que él ha sabido conquistar, y que él puede adquirir más fácilmente que cualquiera otro, por las ventajosas circunstancias que puede aprovechar.

Dijimos también que el camino en que últimamente ha entrado, no es el que puede conducirle a esa gloria; pero todavía es tiempo para que se detenga y tome el otro sendero.

Pocos meses faltan para que deje el poder, bajo el supuesto natural de que esté realmente decidido a entregarlo al terminar su período; y, por más que comprendemos lo muy agradable que debe ser ejercerlo sin contradicción, comprendemos también que durante tan corto tiempo, bien se puede hacer el sacrificio de dominar los ímpetus de la voluntad, sujetando los caprichos de ella, para cumplir y hacer cumplir la Constitución y las leyes: hacer a un lado la vanidad y el amor propio, y rectificar todos los errores cometidos durante los siete años y medio de su administración: hacer, en una palabra, de hoy en adelante Gobierno modelo, encerrándolo dentro del derecho e infundiéndole el espíritu verdaderamente republicano; con la seguridad de que su sucesor, quienquiera que sea, se verá obligado a imitar ese modelo, porque ya el pueblo lo habrá saboreado y aprendido a apreciarlo, y sabrá imponerlo.

¿Cuál es la principal arma que emplea la oposición al combatir la candidatura oficial, prescindiendo de las cualidades y defectos personales de quien la representa? El suponer a ese candidato completamente identificado con el Gobernante que lo proclama, y el hacerlo responsable también lógicamente de todo abuso y atentado que se cometa para hacerlo triunfar, considerándole por lo mismo lógicamente obligado a santificar iguales procedimientos, cuando en ejercicio ya del poder, él a su vez proponga candidatos.

Se dirá que la oposición no ofrece garantía alguna de que una vez en el poder no incurriese en los mismos errores; pero el pueblo pensará que de esa oposición saldrá algo nuevo, lo desconocido si se quiere, y al menos habrá la posibilidad de que mejore lo existente, si no se considera suficiente garantía para que el nuevo gobernante cumpla sus compromisos, ese núcleo de hombres que una vez se ha atrevido a enfrentarse al poder enemigo y muchas otras se atrevería a hacerlo, con más facilidad, al poder amigo, para corregir sus extravíos.

Mas si el Gobierno actual entra en la senda del derecho (y el mejor principio de prueba será el fiel cumplimiento del manifiesto del Presidente de la República fechado el 28 de marzo): si entonces dice al pueblo hondureño con entera franqueza: "Respondo de que el candidato que os propongo ejercerá el poder de la misma manera que lo estoy ejerciendo, o mejor, y lo he elegido porque es de toda mi confianza", entonces quedará toda la ventaja de parte del Gobierno en la lucha electoral; pues el pueblo preferirá al candidato cuya administración puede de antemano juzgar, con probabilidades de acierto, como benéfica al país en vez de lo que puede llamarse desconocido, que ofrece la oposición.

Muy fácil de hacer consideramos esto, pues ya hemos dicho que ningún interés legítimo en contrario puede tener un gobernante que apenas ha de disfrutar por pocos meses el poder, si no tiene el propósito de seguir mandando directa o indirectamente. Mas es preciso, sí, que tal propósito se lleve adelante con enérgica voluntad; y que no se pretenda hacer una farsa, porque ésta será contraproducente, mientras haya una prensa vigilante y lista a denunciar los menores atentados contra el derecho cometidos. E imprudente sería querer entrar en esa nueva senda, conservando en sus empleos a muchos hombres, que por sus vicios, o por su larga práctica de despotismo, son incapaces de corregirse y de sujetar su voluntad a regla; hombres que el pueblo, que durante tantos años ha sido su víctima, tiene señalados como réprobos y que el Gobierno conoce bien, pues son los que nunca se han negado a cumplir sus órdenes, por atentatorias o perniciosas que hayan sido. Necesita hombres nuevos, que bien puede hallarlos entre sus amigos desinteresados, por más que pocos son, y sobre todo entre los sinceros partidarios del candidato proclamado, quienes tomarían especial empeño en prestigiar el nuevo sistema, para prestigiar al candidato que habría de continuarlo.

Tal vez hombres de esos que tienen por hábito considerar bueno y santo todo lo que hace el que manda, aunque sea un crimen, se atreverían a decirnos que la Administración del General Bográn ha sido un modelo como buena; pero se detendrán al fijarse en que los periódicos que defienden la candidatura oficial, tienen grandísimo empeño en hacer creer que el nuevo gobernante no mandará como manda el actual, lo cual equivale a confesión de parte. Si a pesar de eso se atreviesen, ofrecemos hacer el juicio crítico de los principales actos del actual Gobierno, que han hecho que los pueblos clamen hoy por un nuevo sistema. La tarea sería larga y enojosa y preferiríamos poder prescindir de ella.

24 de abril de 1891.

LA OPOSICIÓN

Cuando un Gobierno no está acostumbrado á sufrir contradicción en sus actos; cuando, al contrario, sólo escucha la meliflua voz de sus cortesanos que celebran entusiastas la expresión más disparatada que sale de sus labios, ó los cánticos que entona la prensa consagrada á su servicio, por la mayor torpeza ó el mayor crimen que comete, natural es que se vea contrariado, que se exalte, se enfurezca y se desborde, al escuchar la verdad, amarga como es.

Quien á decirla se atreve, sabe ó debe saber que se expone á todos los riesgos consiguientes á una lucha del débil contra el fuerte: que desde el momento en que pronuncian sus labios el primer reproche, debe renunciar á la esperanza de adquirir renombre por el camino de los empleos públicos, y resignarse, no digamos á no obtener ventaja alguna en sus relaciones con el Poder, sino á no obtener justicia, por más que sea clara, ó á verla demorada.

Difícil es, por cierto, que muchos hombres se resuelvan á arrostrar todos los peligros y molestias consiguientes á una actitud digna del buen ciudadano, pero tan mal recompensada. Natural es que se prefiera disfrutar de los favores del poderoso, que dan posición, influencia y riqueza.

Por eso se ve casi siempre, en la clase más elevada de la sociedad, que es la que se acerca al que manda en cada lugar, en su mayoría preferir el camino sembrado de flores, y muy pocos seguir el que está sembrado de abrojos.

En cambio, la masa del pueblo, que es regularmente la que sufre por los caprichos del déspota, si sufre y calla, es por la influencia del temor, casi nunca movida por el vil interés. En el fondo de su conciencia, aunque no se atreva á manifestarlo, todas sus simpatías, todo su afecto, están en favor de aquellos pocos que protestan y sufren con ella, considerándolos como sus defensores naturales.

Pasa mucho en este período embrionario la libertad de los pueblos. A veces se desarrolla lentamente, porque se van aflojando con igual lentitud los resortes de la tiranía. Otras, cuando el despotismo llega á hacerse intolerable, porque tolerarlo sería el suicidio de la Nación, se ve erguir la cabeza á los más tímidos y mirar de frente al poderoso, ante quien poco antes doblaban humildemente la cerviz, y comunicarse el valor, como por contagio, hasta á las clases sociales más desvalidas.

Cuando este período llega, puede decirse bien que se hace una revolución, cuyos frutos forzosamente han de cosecharse. Entonces es ya la tiranía un imposible, y empeñarse en mantenerla una locura.

Aplicando á Honduras nuestras anteriores observaciones, encontramos: que corresponde al Partido Liberal la gloria de haber iniciado y sostenido la oposición legal al Poder Público, antes casi por completo desconocida.

Era costumbre, cuando un Gobierno se desprestigiaba, recurrir al remedio de las facciones que nunca han dado fruto á sus autores, ó al auxilio de las armas de una más de las vecinas Repúblicas, que ha sido el medio eficaz para cambiar de Gobernante.

El Partido Liberal se propuso ser el primero en abolir esos recursos, entrando francamente en lucha contra los abusos del Poder.

En 1887 se hizo un primer ensayo; pero carente entonces del poderoso elemento de la prensa, y luchando con otros obstáculos no despreciables, fácil le fué al Gobierno imponerse y vencerle en mala lid.

Las lecciones de la experiencia de aquel año, ha querido aprovecharlas el Partido en el presente, y lo ha conseguido en gran parte. Comenzó por organizarse regularmente y por unificar sus propósitos, y el resultado hasta hoy excede á sus esperanzas. Grandes crisis han atravesado conservando su integridad, y presentándose compacto al salir de ellas.

En todas partes, la época de elección de Gobernante es la más propicia para que un partido se conquiste el favor de la opinión: porque entonces se ventilan los más caros intereses de la patria, y es fácil despertar el espíritu público.

Ya lo hemos dicho en otras ocasiones. El Partido Liberal inició la lucha sin la esperanza del triunfo. Se había venido observando la conducta del Gobierno, estudiando sus errores de administración, las necesidades sociales y los sufrimientos del pueblo; y se comprendió que era la oportunidad para organizar un cuerpo de resistencia á los abusos del Poder, oponiendo un dique al despotismo y minándolo hasta dar con él en tierra. Se escogió un candidato, porque era necesario, y se empezó á exhibir en toda su desnudez las llagas de la patria.

Naturalmente se contaba con la habilidad de los contrarios. Si el Partido Liberal había percibido una ocasión propicia, como nunca antes se había presentado, debía creerse que también la percibiría el Poder.

En este caso, el medio más fácil de vencer á la oposición, era presentar una conducta intachable en contra posición à la anterior, porque es una verdad indiscutible que el pueblo en general se preocupa mucho del presente y poco del porvenir, olvidando fácilmente lo pasado. Es generoso y fácilmente perdona y se deja engañar.

Mas sucedió lo contrario. En los meses que de este año han transcurrido es cuando más errores y hasta crímenes ha cometido el Gobierno. Ha dado a la oposición argumentos incontestables de actualidad. Se le ha permitido poder decir á los hondureños: "'Os exponéis á continuar sufriendo todas las desgracias que os agobian, si no prestáis vuestra cooperación al partido que tiene resuelto exponerlo todo por librarse y libraros de la pesada carga del despotismo; y este llamamiento ha sido escuchado, dando á la oposición todas las probabilidades del triunfo".

¿Qué ha hecho el Gobierno al ver pronunciada en contra suya la opinión pública? En vez de someterse, ha querido hacer responsables á sus contrarios de las consecuencias de su propia falta. En vez de tratar de defenderse por los mismos medios que la oposición emplea para atacarle -la prensa y la tribuna permite que los mismos defensores de su candidato rehúyan la discusión sobre los actos punibles que se le enrostran, y que al abandonarle, declaren, con toda la fuerza de confesión de parte, que su causa es causa perdida ante la opinión.

Pero como no abandona el campo, recurre al fraude, à la violencia, al soborno, al espionaje y à todo género de abusos para desordenar los trabajos de sus adversarios.

No basta. Entonces de golpe les priva de todo medio de acción: crea la dictadura. Parece que la efervescencia se ha calmado, y que después de varios meses de completo silencio, ya nada tiene que temer. Se termina la dictadura, quizá con sanas intenciones de dejar una libertad que ya se cree infructuosa.

Pero á los primeros pasos se convence el Gobierno de que sólo ha conseguido exhibir descarnado su despotismo, y con toda evidencia su completo desprestigio; porque la oposición se levanta de nuevo tan vigorosa, que hasta los mismos cortesanos se ven obligados á decir á su amo la verdad.

¿Qué hace éste? ¿Se somete? No, que dice "sería en mengua suya dejarse ganar una elección, cuando no le ha sucedido caso igual a ningún Gobierno de Centro-América; y que ha de triunfar A TODA COSTA, aunque después hubiese de caer por una revolución."

Y cumpliendo su propósito, ha comenzado á obrar de conformidad. En estos momentos cruzan el país de uno á otro de sus extremos, centenares de liberales, casi todos miembros de los Comités Directivos, despachados en comisiones militares; otros gimen en las cárceles y expían el delito de ser patriotas: otros se hallan todavía relegados lejos de su hogar; y emplea, en general, todos los medios para romper los vínculos de la oposición, para cortar los hilos de sus trabajos, hasta el punto de que casi no hay población que no cuente arrancados de su seno uno ó varios de sus hijos.

Pero el pueblo todavía no se rinde á discreción. Sigue dispuesto á luchar, á pesar de tantas desventajas, porque quiere hacer manifiesta la imposición; y esto desconcierta y enfurece al Gobierno, que no quiere dejar á sus contrarios ni la gloria del triunfo moral, si obtienen una lujosa minoría. Todavía teme; y para asegurar su completa victoria, parece que ha dado instrucciones para que las autoridades, agentes suyos, formen los directorios electorales, nombrados por sus partidarios, impidiendo la entrada á los contrarios; y que se han mandado y se enviarán escoltas militares á las poblaciones donde la oposición predomina, precisamente donde el orden público menos peligra, porque no hay posibilidad de un choque. Ganar los directorios, es para el Gobierno ganar la elección, porque, no teniendo que temer ningún castigo, alteran la votación á su antojo, ó aumentan la cifra en favor de su candidato cuanto las circunstancias lo exigen. Los directorios ganados por la oposición, al contrario, tanto por ser regla del partido la honradez, como porque no podrían hacer fraude impunemente, son exactos en el cómputo de los votos.

El empeño por ganar los directorios por tan reprobados medios, prueba la intención de asestar el último golpe á la oposición, facilitando el fraude y la violencia en el acto de votar; pues faltará á los electores su protector natural, el presidente de la Junta, revestido por la ley de omnímodos poderes para reprimir los abusos.

Hemos querido reseñar el estado de la lucha electoral y sus precedentes, porque, encargados por el Partido Liberal de dirigirla, debemos justificar nuestros procedimientos, y á la vez demostrar la justicia con que el Partido ha hecho la oposición al Gobierno.

No tememos que de buena fe se nos atribuya por único móvil el interés propio por la circunstancia de haber sido honrados con la candidatura liberal, pues si honroso consideramos nuestro puesto, está tan preñado de peligros, hemos sido el blanco de tantos insultos, que nos parece bastante para que un interés más elevado se nos conceda.

Con esta seguridad concluimos declarando: que el Gobierno se ha empeñado en reducir á la oposición á la última extremidad, en cerrarle todos los caminos para la lucha, dando lugar á sospechar que, por más que extraño parezca, ha tenido interés en precipitarla en el camino de las facciones, haciendo retroceder el país á los tiempos que el Partido Liberal se había propuesto hacer olvidar. Ese objeto no lo conseguirá; pero ni el Gobierno, ni el Jefe del Partido Liberal, ni persona alguna, podrán impedir que los precedentes den sus consecuencias, y se produzca en el país la revolución salvadora que necesita para reconquistar su libertad.

2 de septiembre de 1891.

A CADA UNO LO QUE ES SUYO

Habíamos tomado por regla no contestar nunca directamente á ninguno de los periódicos semioficiales, porque no hemos querido descender al terreno en que, excepto "La Opinión," se han colocado. Entre ellos se encuentra "El Centinela" hoja redactada en un principio por don Luis R. Reina, pero que hoy es anónima. De ésta vamos á hacer excepción, porque en sus últimos números, aunque escrita en estilo grosero y vulgar, contiene muy graves acusaciones contra el Partido Liberal, y, según se asegura, es órgano autorizado del Gobierno, que casi podría llamarse auténtico.

Dijo "El Centinela" que el Partido Liberal ha solicitado la intervención armada del Gobierno de El Salvador; pero cuando le contestamos que podían preguntarlo á aquél, creyó sin duda este Gabinete haberse comprometido demasiado, y ya no insistió sobre ese punto. Entonces afirmó que las relaciones y compromisos del Partido eran con los emigrados hondureños; y, á la vez, que los tenía con los conservadores, hoy emigrados de Nicaragua; y por último que su connivencia tenía por objeto derrocar á los Gobiernos de aquellos países y, á la vez, al de Honduras. Dice tener pruebas; y á eso contestamos pidiéndole que las muestre, pues desgraciadamente para nuestro Gobierno nadie le cree bajo su palabra ni dentro ni fuera del país.

Por nuestra parte, vamos á hacer una relación exacta de la conducta del Partido en su política exterior, durante las serias dificultades en que la suya ha colocado al Gobierno en los últimos meses.

Omitiremos hablar de lo que hizo en noviembre, porque es una página que nuestros adversarios querrían borrar de la historia patria, y les es tan doloroso oír hablar de ello, que les tendremos compasión. Tampoco queremos mencionar por ahora otra prueba que don Policarpo Bonilla, cuando todavía no era Jefe del Partido, dió al General Bográn de su amor á la paz de Honduras. Recibió noticias de que ocurría un peligro gravísimo en el exterior, y, olvidando la anterior inconsecuencia del señor Bográn, tuvo con éste una conferencia, á mediados de enero, sobre el particular, ofreciéndole por segunda vez los servicios del Partido que ya eran innecesarios, porque ya había sido arreglada la dificultad. según dijo el señor Bográn. Si éste lo ha olvidado, á una indicación suya nos bastará invocar el testimonio fidedigno de un centroamericano muy notable que aquí se encontraba entonces.

Sobrevino el suceso de Amapala. Al recibir la noticia, el Presidente hizo llegar al Jefe del Partido señor Bonilla, quien sospechó el objeto, pero esperó que se le manifestase. Había Consejo de Ministros. Grande era la ansiedad que sus semblantes demostraban.

Se comunicó á Bonilla la noticia, y uno ó dos minutos después llegó la de que los cuarteles habían sido recuperados. Entretenidos todos con la lectura de los telegramas que comunicaban detalles del suceso, no se acordó el Presidente de indicar á Bonilla lo que de él esperaba, hasta pasadas dos horas. Entonces le dijo estas precisas palabras: "Llamaba á Ud. con dos objetos: el primero declararle que ni yo ni ninguno de los Ministros, cree que Ud. ó el Partido Liberal tengan participación en este suceso, de manera que si alguien lo dice, deben considerarlo desautorizado: el segundo, para preguntarle qué actitud piensa tomar Ud. y su Partido; para lo cual deseo lo consulte con sus principales amigos y me comunique su resolución. La respuesta fué textualmente ésta: "Respecto á lo primero hacen Uds. Bien en pensar así, y nos hacen justicia: respecto á lo segundo, puesto que todo ha concluido, creo innecesaria nuestra resolución".

El Presidente se dió por satisfecho. No obstante, dos días después comenzaron á aparecer boletines oficiales anunciando complicaciones interiores y dejando entender claramente que eran obra del Partido Liberal; y bajo ese criterio, voluntariamente errado, se arrancó de su hogar al Coronel Teodoro Valladares (a) Chiquirín, se le llevó á Amapala cargado de hierros, se le juzgó, y encontrándole inocente, como era natural, se le absolvió, pero obligándole á embarcarse extrañado de su patria.

Desde entonces el Partido Liberal comprendió que se tenía resuelto el golpe de Estado, que aseguraría la imposición del candidato oficial. A pesar de eso, importando al Partido más los intereses de la patria que los suyos propios, y comprendiendo que en perjuicio de aquella no debía aprovechar el error político del Gobierno, su Jefe dirigió una circular á los Comités Liberales de las poblaciones fronterizas á las otras Repúblicas, comunicándoles la impolítica conducta del Gobierno en momentos en que temía hasta una invasión, y excitándolos á hacer todo esfuerzo por mantener al Partido en estricta neutralidad, mientras el Gobierno continuaba en el voluntario error en que aparentaba estar, ya que con ellos les imposibilitaba para ser útiles á su patria; y en toda su correspondencia posterior, que con grandes dificultades hacía llegar á su destino, insistía en aconsejar la misma línea de conducta. Estos documentos han sido notorios en las poblaciones á donde llegaron, y conocidos hasta por personas importantes extrañas al Partido. Una copia de la circular llegó á manos del Presidente Bográn, remitida por algún torpe servidor, creyéndola cuerpo del delito, y por consiguiente le es bien conocida.

A principios de junio el Jefe del Partido, solicitó una entrevista con el señor Presidente con el fin de tratar sobre asuntos de interés público. Fue impulsado á ello por las noticias alarmantes que circularon acerca del peligro de un conflicto con alguna de las Repúblicas vecinas. Comenzó á indicarle el objeto de su visita y el Presidente le explicó todos los antecedentes que hacían parecer cierto el peligro; y algunos otros pormenores extraños al asunto. Como se pasase en ello tiempo considerable, apenas pudo manifestarle el señor Bonilla que creía conveniente se levantase el estado de sitio, para restablecer la tranquilidad, y hacer posible la unidad del pueblo hondureño en defensa del país. Le indicó que el estado de los ánimos en pueblos fronterizos á El Salvador, especialmente en el departamento de Choluteca, era peligroso, en caso de una tentativa revolucionaria; pues las arbitrariedades del Comandante Williams contra los liberales, eran verdaderamente insoportables. Entre otros ejemplos le citó el de Celedonio Mendoza, Presidente del Comité Liberal de Aramecina, pacífico comerciante, á quien Williams mandó capturar, por supuesta complicidad en el suceso de Amapala, el cual fue quitado á la escolta que lo conducía por varios vecinos de Langue; y le hizo presente que con tales procedimientos estaban creando elementos de trastorno, pues como muchos otros perseguidos, Mendoza había pasado la frontera: que desde ese momento quedaban fuera de la acción del Partido, y dispuestos á secundar á quien quiera que les diese la esperanza de volver á su hogar. Tales previsiones se realizaron después; y sin embargo la prensa semioficial, y el General Williams, verdadero culpable del suceso, cuando Mendoza y otras víctimas de la persecución hicieron su intentona en Goascorán, inculparon por ello al Partido Liberal y á su Jefe.

Por el mismo tiempo, el Presidente Bográn tuvo ocasión de saber cuáles eran los oficios del Jefe del Partido Liberal con relación á los emigrados: procurar infundirles paciencia, que en verdad gran caudal de ella necesitan, é inclinarlos á entrar en las miras de la lucha pacífica iniciada por el Partido, asegurándoles que éste se consideraría contrariado en sus legítimos intereses si algo se intentaba contra este Gobierno, antes de terminar la cuestión electoral. Según noticias, que el Presidente conoció, tal indicación no fué bien recibida por aquellos; no obstante lo cual, deben haber comprendido después que el Partido Liberal estaba en lo justo, porque la carta del General Sierra publicada en "El Pueblo" de San Salvador, á que se refiere maliciosamente "El Centinela" y que no reproducimos por no tenerla á mano, lejos de probar que el Partido ha querido estorbar las elecciones, demuestra lo contrario. En ella dice Sierra, si mal no recordamos, que aunque considera la elección una farsa de parte del Gobierno, antes que se definiese, aun pudiendo hacerla, se abstendría de toda tentativa revolucionaria.

El Partido Liberal hondureño estima á los conservadores de Nicaragua, como lo merecen por la sinceridad de sus convicciones y la entereza de su carácter.

Tal vez pueda haber puntos de contacto entre ambos partidos y más de los que á primera vista parecen, porque muchas de las ideas del que hoy es Jefe del conservador de Nicaragua, General don Joaquín Zavala, rivalizan con las del más progresista liberal. Pero aunque tal vez sea sólo por la común denominación, siempre han estado y estarán ligados los intereses de los conservadores nicaragüenses con los de aquellos que llevan el mismo nombre en las otras Repúblicas; y por lo mismo, siempre han sido y serán adversos á las aspiraciones y legítimos intereses del Partido Liberal hondureño. Ningún provecho podía, pues, tener éste en ayudar á aquel partido á derrocar al Gobierno de su país ni en pedir su ayuda; y sobre todo ningún medio tampoco (y éste es buen argumento para quienes no entiendan de achaques de convicciones), siendo claro, por el contrario, que de buscar apoyo exterior se buscaría en los Gobiernos, que son los que pueden darlo. A este propósito recordamos haber leído unos sueltos en el "'Diario Nicaragüense," que en otro lugar reproducimos, los cuales prueban claramente la oposición de los expatriados á toda tentativa de revolución contra este país. Eran, pues, aliados de nuestro Gobierno.

Últimamente, "El Centinela" publica un parte telegráfico, que suponemos no fué depositado para el Gobierno de Honduras, porque no tiene dirección ni firma, en el cual comunican de El Salvador una tentativa de rebelión del General Amaya; indicando que se ha descubierto connivencia con la oposición hondureña y los emigrados de este país. Seguros como estamos de que eso es absolutamente falso por lo que á la oposición toca, nos limitamos á dar un mentís á quien haya dirigido el parte, si él lo afirmó, ó á quien lo haya alterado al publicarlo anónimo, si éste inventó esa aseveración.

Simples reflexiones bastan para demostrar lo infundado de la acusación. Para un proyecto como el del General Amaya, de nada le servirían auxiliares desarmados; y si le habría sido muy útil la alianza secreta de los Gobiernos, para el efecto de que sin obstáculos le reconociesen como Presidente de El Salvador. Además, no puede el de Honduras mostrar una sola carta, un solo telegrama cruzado entre el señor Amaya y algún miembro del Partido Liberal hondureño. En cambio, fué notoria la activa correspondencia telegráfica mantenida entre el General Amaya, que no era Ministro de Relaciones, y el Licenciado Planas, ex-Encargado de Negocios de Honduras en El Salvador, desde que regresó de su comisión; correspondencia que existió hasta la víspera del descubrimiento de la conspiración, sino hasta el mismo día. También era notoria la confianza que á este Gobierno inspiraba la amistad del señor Amaya y su influencia sobre el Gobierno de Ezeta, que serviría, se decía semioficialmente, para mantener entre ambos la más íntima amistad. En vista de todo esto es lógico pensar que el Gobierno ha querido echar sobre la oposición la responsabilidad de sus propios actos, y creído con eso lavarse las manos.

A nadie le cabrá duda de que la política franca y patriótica que ha observado el Partido Liberal excluye las falsías diplomáticas; mientras que, tomando en cuenta antecedentes bien conocidos en Centro América sobre la política usada por nuestro Gobierno con sus vecinos, que bien debe conocer el actual Presidente de El Salvador, no se excluye la posibilidad de que haya contado con ese cambio de personal, para que cesasen los temores de un conflicto que han venido preocupándole. En este caso debe recordarse aquella regla que tiene presente todo buen juez de instrucción: ¿á quién aprovecha el crimen?

Lo dicho respecto al caso de El Salvador es aplicable al de Nicaragua, pues se consideran aliados aquellos Gobiernos.

Conclusión. Si positivamente resulta que Honduras tiene que soportar la vergüenza de tamaño borrón en su diplomacia, bien podría suceder que diese lugar á un conflicto internacional, á una guerra de ésta con aquellas dos Repúblicas, guerra que el pueblo hondureñas debe evitar, pues no debe aceptar que se agreguen al oprobio los desastres de la lucha en que Honduras estaría sola, ya que nadie querría ayudarle.

Todo hombre honrado, esté ó no esté al lado del Gobierno, debe empeñar sus esfuerzos por evitar que el pueblo, que siempre ha reprobado las dobleces políticas y diplomáticas, sufra las consecuencias de los desaciertos de sus mandatarios. Va en ello la vida y la honra de la Nación.

Tan celosos hemos sido por ésta que jamás hemos querido denunciar hechos que nos han parecido dignos de reprobación, porque afectaban las relaciones exteriores del país. Hoy hacemos excepción, porque se quiere echar sobre el Partido Liberal la responsabilidad de actos que, ni por librarse del despotismo abrumador que sobre el pesa, ha intentado ejecutar, y que más bien ha combatido con sacrificio de la vida de muchos de sus miembros, en beneficio de su más encarnizado enemigo Y sobre todo, porque creemos que es preciso ya descorrer el velo que se ha mantenido ante los ojos del pueblo hondureño, para que ponga término a las dificultades que la repetición de esos hechos le crean á cada instante

Si el Gobierno logra sincerar su conducta, el Partido Liberal será el primero en levantar la voz en su defensa.

Esperamos que el General Bográn no negará ninguno de los hechos que en relación con él dejamos consignados; pero si lo hiciere, el pueblo hondureño juzgará quién de los dos merece más fe, y no tememos su fallo.

30 de agosto de 1891.

NECESIDAD Y VENTAJAS DE LA EDUCACIÓN DE LA MUJER

I

El tema es fecundo y de importancia actual; y siento por lo mismo que estas líneas no sean trazadas por una mano digna de desarrollarlo, emitiendo ideas de inmediata aplicación. Su importancia está en proporción con la influencia que la mujer ejerce en la sociedad, influencia que se halla en relación directa con el estado de ade lanto de las naciones, pero que no llega á nulificarse jamás por mucho que sea su atraso. El imperio dela mujer está generalmente reducido á los límites del hogar; pero en él es ó debe ser una reina con poder absoluto, á fin de que pueda cumplir la elevada misión que le está confiada, de educar á la familia, cimiento de la sociedad. Ese poder lo ejerce desde la más infeliz cabaña hasta el palacio del más grande de los monarcas; y por ello puede decirse que en manos, de la mujer están los destinos de la patria, los de la humanidad entera, Si hemos de creer en la tradición bíblica sobre el origen de la humanidad, en el Paraíso Terrenal hizo la mujer, con éxito, el primer ensayo de su poder sobre el hombre, y decidió de la suerte de ambos y de toda su descendencia. Y las hijas de Eva han sido y serán siempre fieles imitadoras de ésta, con la sóla diferencia de que, unas siguen el ejemplo que les dió Eva pecadora al seducir á Adán para comer la fruta vedada, obligándole á rebelarse contra su Dios; y otras imitan el que les dió Eva arrepentida, cuando después de arrojados del Paraíso, procuró compensar al hombre la privación de tantos bienes como habían perdido, y los muchos sufrimientos á que en su nueva vida estaban condenados, con su desinteresado cariño, su adhesión ilimitada, su consagración al cuidado del hogar y tantas otras cualidades que legó á las buenas esposas y buenas madres.

Si, como afirman los hombres de ciencia, aquella tradición es pura fábula, no se atreverán, sin embargo, á negar que su autor era profundo filósofo, conocedor á fondo de la naturaleza humana, porque esos sabios, como hombre alguno, no pueden jactarse de haber librado sus actos del influjo de la mujer. A este respecto recuerdo, por la verdad que encierra, un pensamiento que resume lo dicho: "Estudiad á la mujer y aprenderéis á conocer el móvil de las acciones humanas". Es un consejo para los moralistas, pero que bien podrían aprovechar con éxito los políticos, los economistas y todos los que cultivan las ciencias sociales. Aunque de la mujer me ocupo, no me propongo hacer su estudio, que con razón ha arredrado hasta á los sabios. Conociendo mi falta de experiencia y de luces, no pretendo decir nada nuevo. Cuanto tengo que escribir ha sido ya pensado por otros. Mi propia obra se habrá reducido á beber en buenas fuentes, siguiendo á aquellos que han tratado con imparcialidad al bello sexo, y huyendo, á la vez que de sus inmoderados aduladores, de los que con ruin saña lo han vilipendiado.

II

La mujer es un sér indefinible, han dicho unos. La mujer es un sér heterogéneo, han dicho otros. Pero todos están de acuerdo en que ha sido dotada por la naturaleza de las más bellas cualidades y de los más grandes defectos: en que es extremada para el bien y para el mal, en sus afecciones y en sus odios: que rara vez se coloca en un término medio. Y por ello una misma mujer es capaz de ejecutar las acciones más heroicas y los más grandes crímenes, sin cambiar de carácter ni de educación. Es capaz, por exceso de piedad, de proporcionar la fuga á un asesino y de desprenderse de cuanto posee por socorrer á un desgraciado; y es capaz de pedir, sin transición, por fanatismo religioso, que se condene á muerte, á fuego lento en una hoguera, á todo el que no profese sus mismas creencias; ó, si hambriento llama á su puerta, de negarle un bocado de pan; es capaz, impulsada por el amor, de exponer sonriente su vida por salvar la de su esposo, y lo es también, arrebatada por los celos, de hundir un puñal en las entrañas del mismo a quien antes ha salvado.

La que es hoy modelo de fidelidad conyugal, capaz de ser una Lucrecia, podrá mañana, por despecho, convertirse en Mesalina. Puede llevarla su discreción hasta soportar los más crueles tormentos por guardar un secreto que se le ha confiado; pero puede también después, por ligereza ó vanidad, aun á sabiendas de que ha de causar la desgracia de una familia, revelar ese mismo secreto que había guardado á tanta costa. Puede hoy, con sublime abnegación, exponer su propia honra por salvar la de otra mujer que ve expuesta á ser injustamente mancillada; y mañana, por celos, podrá ella misma convertirse en instrumento de la calumnia, y hundir en el fango la reputación y orgullo, por egoísmo, por envidia, por influencia de los tan bien supo defender, ó ponerla en duda con una mirada indiscreta, con un gesto expresivo y hasta con un simple movimiento de cabeza, armas que sabe esgrimir con maestría para lograr un fin cualquiera que se proponga. Lo dicho, que son verdades al alcance de todos, y que de seguro ninguna mujer, que estas líneas lea, tachará de inexactas, nos muestra á grandes rasgos el carácter distintivo de su sexo: distintivo agrego, porque el hombre, ciertamente, es capaz de incurrir en tan graves ó mayores contradicciones en sus actos, pero no con tan bruscas transiciones.

Para cambiar de modo de pensar, el hombre necesita de más tiempo: necesita el frío cálculo, porque en él domina la cabeza, y por eso son generalmente inexcusables sus extravíos. La mujer puede pasar, como ya he dicho, de un exceso á otro exceso de pasión, porque en ella es el corazón el que impera; y por eso generalmente son sus faltas no sólo perdonables, sino hasta admiradas, aunque se reprueben, y nunca pueden provocar el odio del hombre, ni aun su desprecio, por graves que sean, sino la compasión. Hay otro sentimiento que las faltas del sexo débil deben producir al que, quizá con jactanciosa vanidad, se apellida él mismo sexo fuerte: la vergüenza. Vergüenza por el criminal abandono con que ha visto y ve aún la educación de la mujer, planta que durante largos siglos ha clamado y clama todavía inútilmente por algún cultivo siquiera, ya que no sea esmerado. Y en vez de reconocer su culpa, o tal vez por conocerla mucho, para engañarse á sí mismos, hombres hay que tienen por sistema vilipendiar á la mujer, llegando hasta hacer responsable al sexo entero por los crímenes, los vicios ó las faltas individuales. No de otro modo se explica que en apoyo de sus invectivas citen: á una Herodías, despechada por haberle sido enrostrados sus vicios, que pidió y obtuvo de su esposo la cabeza del Bautista: á una Agripina, concibiendo, entregada a torpes liviandades, y elevando al trono por el crimen, á un Nerón, monstruo insaciable bebedor de sangre, que sacrificó á la misma que en mala hora le dió la existencia: á una Cleopatra, inspirando á su amante el olvido de sus glorias y del imperio del mundo, por correr á la muerte entre sus impuros brazos: á una Elena, que comprometió con su crimen en larga y cruenta guerra á dos naciones, causando la completa ruina de una de ellas, y desgracias sin cuento á su propia patria; y á muchas otras mujeres, tristemente célebres por los males que han causado ó de que han sido ocasión. Pero se olvidan los que así proceden de que ejemplos á millares presenta la historia de los más repugnantes crímenes entre hombres, y de que hombres han sido los cómplices ó ejecutores de los extravíos que á la mujer inculpan; y sobre todo, con estudiada mala fe, se abstienen de traer á la memoria grandes hechos que con exceso compensan aquéllos.

Si con sinceridad procedieran, ¿por qué no recordar á una Mónica, dando la mano á un Agustín para salir del fango de los vicios, y convirtiéndolo en Santo, modelo de caridad y de todas las virtudes? Á una Marta Washington, educando al libertador de medio mundo; ó á una Cornelia, madre de los Gracos, haciendo de sus dos hijos, descendientes de orgullosos patricios romanos, los más celosos defensores del pueblo? ¿Por qué no citan á las Beatrices, Lauras y Eleonoras, inspirando á sus amantes?

Y luego nos quejamos de la mujer que es veleidosa, olvidándonos de que la enseñamos á desconfiar con nuestra propia inconstancia, y le damos el derecho de anticipar el rompimiento de que más tarde habría ella de ser víctima. Nos quejamos de su vanidad y de su orgullo, olvidándonos de que fomentamos en ella diariamente esas pasiones con la adulación constante y el empeño que tomamos todos á porfía, por demostrarle lo que ella, por desgracia, tiene bien sabido, ó se lo imagina por lo menos: que es bella, graciosa, rica, bien nacida, y tantas otras vulgaridades como á la mujer dice, especialmente, todo aquel que no tiene de qué hablar.

Nos quejamos de su conversación insustancial, de su falta de candor, de su costumbre de murmurar; y nos olvidamos de que jamás se habla á las mujeres sino de asuntos insípidos, y en ese estilo jocoso con que muchos creen hacer su delicia, por más que a veces sienten plaza de estúpidos entre ellas mismas; ó bien se les trata sólo de amor y en lenguaje de la más vulgar galantería, hasta lograr hacer imposible en sus mejillas el rubor; o bien, so pretexto de ser lo que á ellas más agrada, no se deja en pie reputación alguna de belleza ó de bondad de otra mujer, principalmente si se la considera su rival.

Nos quejamos de su frivolidad y de su afición al lujo, y sin embargo á ello la obligamos con nuestra conducta. Dirigimos nuestras atenciones y tributamos nuestra admiración á la mujer que gasta el mejor traje y está arreglada con el mayor rigor de la moda, aunque nos conste que eso cueste el sudor de la frente de sus padres, ó arrastra los restos de su fortuna; á la mujer que más deslumbra por su belleza física, cierta ó suplantada por el arte, sin preocuparnos para nada de sus cualidades morales; ó á la que tiene más medios ó mayor habilidad para rodearse siempre de una corte de admiradores, dispuestos a satisfacer sus menores antojos. Y luego la inculpamos, porque, imitando el ejemplo, hace á un lado el verdadero mérito, desprecia al que le habla el lenguaje de la verdad, ó consagra sus más dulces miradas y da muestras de marcada predilección, por lo menos aparente, al que gasta la mejor levita, ó lleva al dedo el mejor brillante, o tiene más correcto el nudo de la corbata, por más que sea un petimetre ó un vagabundo, esclavo de la ociosidad y de sus vicios. Se exige de la mujer sinceridad, y es obligada al constante fingimiento; porque el hombre llama cándida, lo que en su lenguaje convencional es sinónimo de tonta, á la mujer que deja comprender sus sentimientos; y esto la conduce hasta confundir la virtud con la grosería, á pagar con inexcusable desprecio tal vez un amor verdadero, por temor de que una simple muestra de cortesía sea pretexto para darle el apodo de coqueta.

Deseamos de nuestra propia esposa fidelidad; en nuestras hijas, en nuestras hermanas, castidad; y nos esforzamos, sin embargo, por hacer olvidar sus deberes á la mujer ajena, ó empleamos todo medio de seducción contra la hija ó la hermana de otro, á quien tal vez llamamos amigo. Despreciamos ó aparentamos despreciar á la mujer caída, olvidándonos de que somos los autores de su falta, y que el lodo con que pretendemos cubrirla debería manchar con más justicia nuestro propio rostro; y llevamos nuestra saña hasta reprobar á la mujer honrada que tienda á aquella desgraciada una mano generosa para ayudarle á levantarse, aplaudiendo sin embargo que brinde su cariño al infame seductor; y vemos sin repugnancia que aquel que más vergonzosos triunfos cuenta en su vida, que aquel que puede jactarse de haber hecho mayor número de víctimas, sea el hombre á la moda en los salones y goce entre las damas de la reputación de irresistible. Desearíamos que la mujer cultivase con esmero el lenguaje, las ciencias y las artes, para encontrar en ella una conversación amena é instructiva; y le vedamos sin embargo lo mismo que deseamos, porque apenas asoma á sus labios una expresión poco común en boca de mujer, nos apresuramos á llamarla pedante y á hacerla objeto de nuestras burlas. Quisiéramos, en fin, que fuese la mujer como nos la pinta el deseo, olvidándonos de que no puede ser de otro modo que como nosotros la hacemos. Si no queremos que abunde y se perpetúe ese modelo, preciso es que hagamos respirar á la mujer otra atmósfera más pura: que la alejemos de la infecta en que hoy la hacemos vivir. Preciso es que cambiemos de conducta y le formemos un ideal nuevo, mostrándole el sendero por el cual ha de llegar á hacer todo el bien de que es capaz. Y entonces sabrá la mujer apreciar como sus más caras joyas la constancia, la modestia, la caridad, el candor, la circunspección, la economía, la franqueza, la cortesía, la fidelidad conyugal, la castidad, la cultura y el saber, y en general todas las virtudes que deben adornarla, y que si hoy muchas poseen, lo deben, ó á una rara energía de carácter, ó á una feliz predisposición para el bien, que les da fuerza para triunfar en lucha tan desigual. Entonces sabrá despreciar á los necios rezagados que pretendan agradarla con las vulgaridades que hoy son de tanto efecto: podrá fácilmente defender su virtud contra las asechanzas de los seductores de oficio, porque llevarán éstos en la frente un estigma de vergüenza, en vez de la aureola con que hoy se presentan ante la sociedad.

Y para ello basta educar á la mujer y darle en seguida como complemento la instrucción que sea posible. Así podrá probarse á sí misma, y probarnos á nosotros, que es una mezquina creencia, resto de antiguas preocupaciones, la de la inferioridad absoluta de su sexo; y podrá comprender toda la importancia de la elevada misión que le está confiada. Hagámoslo, aunque sea por egoísmo, ya que estamos convencidos de que tanto nos interesa personalmente, si para algunos de nosotros nada vale la felicidad de la familia y el porvenir de la patria, que en ello van envueltos.

IV

¡Educar é instruir á la mujer! Me parece ya que oigo repetir estas palabras en tono de admiración, preguntándose alguno si puede pedirse más para el sexo débil que lo que por él se hace en el mundo civilizado. Se dirá que después de haber dejado la mujer de ser cosa, perteneciente al padre ó al marido, y de haber adquirido todos los derechos de la personalidad humana, con la gran conquista de la igualdad de ambos sexos, obtenida por la ley evangélica sobre el mundo antiguo, nada más puede apetecer. Y es cierto que esa conquista la acreditan los historiadores, la defienden los filósofos, la cantan los poetas y hasta la ratifican los legisladores; pero falta mucho para que sea una verdad de hecho, porque no se han dado á la mujer los medios de hacer práctico el uso de sus derechos.

Mal comprendida sería la ley evangélica si se creyese que ha pretendido crear la igualdad absoluta de los sexos, borrando hasta sus diferencias de constitución física, intelectual y moral, que exigen también diversidad de ocupaciones, porque sería pretender lo absurdo, contrariando la naturaleza. Si se ha propuesto, es cierto, poner término al poder absoluto que ejercía el marido, no ha pretendido anular la superioridad relativa á que los dos sexos tienen derecho. Por el contrario, ha querido que se desarrolle, que los dos giren libremente en su propia esfera y realicen la misión que á cada uno corresponde, muy diferente en los medios de acción, pero una en el fin: el progreso social, el perfeccionamiento de la humanidad.

Y esta misma unidad exige el concurso simultáneo de las dos fuerzas, de tal manera que, siendo deficiente ó nula la acción de la una, la obra resulta imperfecta, si no imposible. Enseñar á los dos sexos todo el alcance de su propia misión: hacerles conocer sus respectivas aptitudes para realizarla y los medios de desarrollarlas: enseñarles á corregirse los defectos y á vencer todos los demás obstáculos que podrían detenerlos en su camino, tal es el objeto de una buena educación. Aprovechar ese resultado para poner a su alcance y utilizar en sus manos los conocimientos que ofrecen las ciencias y las artes, á fin de que cada individuo de la especie humana ponga su contingente en la obra del progreso, tal es el objeto de la instrucción. La primera tiene por principal fin formar el carácter del individuo, se dirige al corazón; y por lo mismo debe confiarse a la mujer, La segunda tiene por fin el cultivo de la inteligencia, y por ello corresponde darla, principalmente, al hombre.

V

La naturaleza ha dado á la mujer el instinto de la maternidad, que se despierta en ella desde el momento en que tiene conciencia de que existe. Comienza su influencia desde los primeros años de su infancia, cuando en sus inocentes juegos arrulla la muñeca, prodigándole las más dulces palabras y sus más tiernas caricias. Continúa desarrollándose en progresión ascendente á la par de su sensibilidad, y se manifiesta en el aumento de su ternura, en su compasión hacia todo sér desvalido y por los ajenos sufrimientos, que hace suyos propios y laceran su corazón. Llega á ser esposa y á ser madre, y se opera una revolución en su existencia: ni ve, ni piensa, ni tiene oído más que para atender al débil sér que ha alimentado en su seno, y que convierte en realidad la ilusión ansiosa que durante muchos meses ha tenido como paralizadas todas sus facultades.

Y por la influencia de ese instinto, la novel madre entra en posesión de secretos que nadie le ha enseñado y de que no tenía ni la más ligera idea. Su imaginación, que trabaja sin descanso, le proporciona recursos que la asombran á ella misma, para mitigar al nuevo sér, que arroba sus sentidos, las primeras penas que en la vida sufre, y que sólo son leve indicio de las que el mundo ha de causarle, tal vez cuando ya no exista á su lado la mujer cariñosa que enjugó sus primeras lágrimas. Su inteligencia se despeja; y acrecentándose el caudal de sus conocimientos, percibe con mayor claridad, é infunde en su hijo, objeto para ella de verdadera idolatría, las verdades morales y los principios fundamentales de las ciencias, que todos creemos verdades innatas, porque no recordamos haberlas aprendido de nuestra madre.

Su corazón se purifica, y le da fuerza bastante para reprimir sus pasiones, y hasta para romper con un pasado que no ha sido ejemplar, á fin de evitar al hijo la mayor de las vergüenzas, el dolor de los dolores: no poder venerar, como es debido, á la que le llevó en sus entrañas. Cuando ese instinto se ha desarrollado libremente, sin las trabas que le oponen el vicio ó la absoluta ignorancia, la madre es la única capaz de dar al niño una buena educación. Entonces ésta principia en el momento mismo en que el sér humano abre los ojos por primera vez á la luz del día. Tal vez se deposita el germen en la primera mirada amorosa que la madre le dirige, en el primer beso que imprime en sus mejillas, sin que ninguno de los dos se dé cuenta de ello. Ese germen sigue desarrollándose todavía de una manera inconsciente, hasta que el niño está en capacidad de comprender los sencillos pero sublimes consejos que el amor desinteresado de su madre le da entre caricias, y que dejan una impresión tan profunda, que se graban en su memoria hasta que baja al sepulcro; de manera que, al salir el niño de la infancia, queda fijada la base de su carácter con tanta firmeza, que difícilmente se cambia en el curso de la vida. Pero si en la mirada de la madre se retrata la impureza, si en sus labios palpita aún el beso de un amor ilícito, el germen que depositará en el niño será el del vicio. Si su corazón está herido por el constante re-cuerdo del crimen, si su inteligencia está ofuscada por la exacerbación de sus pasiones, no encontrará palabras de amor que dirigirle, no tendrá sanas ideas que inculcarle, ni caricias siquiera se atreverá á prodigarle: el niño se verá abandonado á sus propios instintos, y su carácter se formará a su capricho; tendrá sólo mal ejemplo que imitar, y su corazón se habrá corrompido desde la infancia.

No es difícil predecir que ese niño será un sér pernicioso á la sociedad, y que su nombre, casi de seguro, habrá de figurar en los anales del crimen. Si la madre no es viciosa ni criminal, pero tiene la desgracia de ser esclava de una completa ignorancia, abundará en deseos de educar á su hijo, pero será impotente para ello. No podrá inculcarle sino imperfectamente, la noción del bien: no podrá infundirle aspiración alguna para procurar salir de su triste condición, y la ignorancia de que ha sido víctima hará de él un miembro poco útil á la sociedad, si no lo conduce por la senda del vicio. Aunque la mujer no sea viciosa ó criminal, aunque no sea absolutamente ignorante, porque haya recibido alguna cultura é instrucción, si éstas no han sido bien dirigidas, todavía pueden presentársele obstáculos, que su amor de madre no puede vencer por sí solo, para la educación de la familia. Si las madres que no aman á sus hijos son monstruos que no deben tomarse en cuenta, porque sólo se presentan de tiempo en tiempo, no son pocas, sin embargo, las que creyendo amarlos, por haber recibido una educación extraviada, se extravían al darla á su vez. No es raro, en efecto, ver madres que confían la lactancia y el cuidado de sus hijos a manos mercenarias, tan sólo por no marchitar su belleza, ó por no privarse de concurrir á los bailes, al teatro, á la tertulia, ó por otros motivos tan frívolos como éstos.

Casi nunca esa mujer extraña á quien se confía el niño, es escogida por su conducta ejemplar; y aunque la nodriza deba su maternidad á su vida disoluta, no se toma en cuenta para nada esta circunstancia, olvidándose la madre de que esa mujer advenediza que va á sustituirla en el puesto que la naturaleza le tiene señalado, va á robarle toda su influencia y todos sus derechos sobre el niño, y á aparecer á sus inocentes ojos como su verdadera madre. A la que así peca contra las leyes santas de la naturaleza, no debe extrañarle recoger el fruto de su frivolidad y negligencia. Crecerá el niño y su amor filial será tan débil, que apenas si lo demostrará, como obligado; su respeto hacia su madre será más fingido que real; y faltará en él esa especie de veneración que todo hijo bien educado siente hacia la mujer que le llevó en su seno.

La sombra de autoridad que ejerce, será desconocida y despreciada al llegar aquél á la edad de las pasiones. Y feliz podrá llamarse esa madre descuidada, si no tiene que derramar lágrimas de sangre al ver al hijo, que no quiso encaminar al bien, marchar por la senda de los vicios, hasta precipitarse en el abismo del crimen, maldiciendo tal vez de la hora en que recibió la existencia, si no del sér que se la dió. Tampoco es raro que se dé el mismo resultado, cuando la madre, por exceso de cariño, educa á su hijo de manera que se convierte en obediente esclava del menor de sus deseos infantiles, que más tarde se llamarán pasiones. Acostumbrado á hacer su voluntad, será orgulloso, dominante y grosero; y cuando al entrar en sociedad se convenza de que ésta no la forman sólo madres complacientes, abandonará la compañía de los hombres honrados y buscará sus relaciones entre aquellos que, por haber perdido la conciencia de su dignidad, no tengan inconveniente en portar sus impertinencias y fomentar más aún su mal adularlo, en soportar sus impertinencias y fomentar más aún su mal carácter, que bien saben explotar. Como el trabajo y toda ocupación honesta le habrán inspirado horror desde su infancia, al consumir la ociosidad y sus pasiones sus últimos recursos, se hallará á un paso del crimen; y, ó el suicidio pondrá fin á su vida, ó la habrá de terminar en un presidio, si, siendo más feliz, no la pierde antes á manos de cualquiera que tenga que vengar una ofensa recibida.

No es menos errado el sistema de hacerse la madre temer de su hijo por su áspero lenguaje y su rigor, que raya muchas veces en crueldad. Principalmente este defecto hace al padre inepto para la educación del niño; y si la madre lo secunda en vez de mediar entre los dos, lograrán infundirle el temor, que es el fruto natural del despotismo, pero nunca el respeto, y menos el cariño, que sólo la rectitud y el amor combinados pueden producir. Si esa conducta no es hija del mal carácter, de un exagerado orgullo, si hay en los padres sana intención, merece indulgencia; mas no por eso deja de ser uno de los más viciados sistemas de educación. Por caminos distintos y hasta opuestos, conduce á idénticos resultados que los anteriores; pues el niño anhela crecer para sacudir el que llama pesado yugo de la autoridad paterna, procurando, mientras llega el día de la libertad, engañar siempre á los autores de sus días para librarse de su cólera; y se amaestra en el arte de mentir, y se acostumbra á ocultarlo todo á aquéllos, quienes viven creyendo en la perfección de su hijo, hasta que la noticia de su primer escandaloso extravío abre sus ojos, aunque tarde, á la realidad. Después de cuanto dejo dicho, no se extrañará que afirme que el padre por sí sólo es impotente para servir de guía á la familia, al menos antes de entrar en la adolescencia los hijos varones, y respecto de las mujeres, en ningún tiempo.

No se extrañará que repita que debe ser la mujer la reina del hogar, debiendo limitarse la acción y vigilancia del marido, á procurar que cumpla con sus deberes de madre, si no quiere sembrar la anarquía y hacer á su descendencia víctima inocente de su importuna intervención. La madre debe tener sola el mérito ó la responsabilidad directa por la buena ó mala educación de sus hijos.

Mas para ayudarle á desempeñar con éxito tan de- licada misión, para librarla del remordimiento por haber causado, culpable ó inocente, la desgracia de la familia, no se la debe dejar abandonada á su instinto: debe enseñársele á dominar sus pasiones, á corregir sus malos hábitos, para que pueda concentrar su atención en el cumplimiento del deber: preciso es enseñarle á reprimir los excesos de su amor y á moderar los ímpetus del orgullo ó de la cólera, para que pueda enderezar á tiempo las malas inclinaciones del niño, y ser á la vez su mejor amiga, depositaria de sus impresiones y de todos sus inocentes secretos. Hasta aquí me he ocupado de la educación del niño, sin distinción de sexo; pero tratándose en especial de la de una hija, la misión de la madre es mucho más delicada aún. Debe tener presente que el desarrollo libre de sus malos instintos, su mal carácter, su falta de moralidad, no representarán, como en el hombre, el in- dividuo perjudicado, sino la sociedad. El vicio de educación contraído por la mujer en la infancia, contagiará á los demás miembros de la familia con quienes ella se cría, á las personas que frecuenten su trato, á los hombres á quienes su belleza ó sus gracias seduzcan, al que tenga la imprudencia de elegirla por esposa, y será trasmitido á la familia que ella ha de formar, tal vez en larga sucesión de generaciones.

Con razón bastante ha dicho Michelet: "Educar á una niña es educar á la sociedad"... "La madre sentada ante la cuna de su hija debe pensar: Tengo aquí la guerra ó la paz del mundo: lo que turbará los corazones, ó les dará la tranquilidad y la rica armonía de Dios".

Le sobra razón para decirlo, porque esa niña habrá de cumplir ante todo sus deberes de hija, y será la causa de la alegría ó del eterno llanto de sus padres; será el consuelo de su vejez ó su tormento: habrá de sustituir quizá á su madre en el gobierno del hogar, y será causa de que entre en él la próspera ó la adversa fortuna. Esa niña habrá de entrar en el mundo al ser mujer, y ejercerá en él irresistible influencia. Y será la dulce amiga que consuele al hombre en sus penas, ó traidoramente le infiltrará el veneno que ha de amargar más su existencia; ya será la tierna amante que mantiene en la senda del honor al hombre que le tributa adoración, que le inspira el deseo de la gloria, que le fortalece para el trabajo, que le reanima en sus horas de desaliento y le hace soñar en su amor un paraíso; ó bien con sus desdenes, su doblez ó su traición, labrará su eterna desventura y le hará hasta odiosa la vida.

Esa niña habrá de ser esposa, y en sus manos tendrá su propia suerte y la del hombre que le consagre su existencia. Si no ha aprendido el arte del gobierno de la familia para aplicarlo en el hogar que ha de regir, introducirá en él el derroche, la anarquía, y pronto habrá disipado el poco ó mucho capital del matrimonio. Si no ha aprendido á corregir sus propios defectos, no podrá enfrenar las pasiones de su esposo. Si no ha adquirido un carácter dulce, compasivo, humilde, si no ha acumulado en su corazón la riqueza del amor y de la virtud, no sabrá ofrecer al hombre que se ha obligado á hacer feliz, un bálsamo que cicatrice las heridas que reciba en las luchas sociales; no sabrá brindarle en sus amorosos brazos un seguro puerto de refugio contra el naufragio en las tempestades de la vida: no podrá infundirle el fuego santo del patriotismo, que sólo se enciende en el hogar.

Si su carácter es áspero, dominante, celoso y desconfiado, si ha acumulado en su corazón mucha hiel, mucho veneno, no sabrá curar, sino con fuego, las heridas del esposo; le hará huir de sus brazos como de un peligroso escollo, le inspirará el odio á la humanidad; y el hogar, paraíso de sus ensueños, será trocado en un infierno, objeto de sus constantes pesadillas. Esa niña está llamada también á ser madre, si no por la naturaleza, á hacer las veces de tal por un accidente de su vida. No todos tienen la dicha de haber conocido á su madre ó de haberse criado bajo su protección durante sus primeros años. Las víctimas de esa desgracia, tal vez la mayor que puede afligir al sér humano, tienen que ser confiadas en su infancia á una nodriza primero, á una aya después, ó bien á una hermana, á una amiga ó á otra persona extraña que caritativamente se encarga de darles amparo en su orfandad.

Si éstas han de reemplazar, en parte siquiera, á la madre, preciso es que conozcan la grave responsabilidad que sobre ellas pesa:

preciso es que tengan bien cultivado el instinto de la maternidad. Los vicios de educación en el hombre pueden a veces curarse en el infortunio. En la mujer son enfermedad de difícil curación, porque la medicina que podría aplicársele, tiene que luchar con su natural amor propio, cada día exagerado por la lisonja. Ni es la adversidad en ella un remedio, porque regularmente significa una caída irreparable. Y por lo mismo, la sociedad, conociendo su impotencia para corregir esos vicios, debe procurar evitarlos. Y debe también, convencida de que la mujer es árbitra de sus destinos por la grande influencia que en ella ejerce, educarla para que sepa cumplir sus deberes en todos los estados de la vida, como hija, como amiga, como amante, como esposa y madre; para que sea el principal agente de moralidad, de civilización y de progreso. Esto sólo puede lograrlo formando madres de familia. Para formarlas, elévese ese aprendizaje al rango de honrosísima profesión, más importante, mucho más, que todas las que hasta ahora se han reconocido por los legisladores, creándose establecimientos, en los cuales dirigirán la enseñanza las madres que han sabido serlo, y la recibirán las niñas que se encuentren en aptitud de comprender los sagrados deberes que más tarde han de pesar sobre ellas; pensamiento que no es nuevo, pues ya en España se ha ensayado por iniciativa privada, aunque por desgracia, durante corto tiempo. Coadyuve además la prensa, vulgarizando los ejemplos de los buenos modelos, y distribuyendo á manos llenas los teso- ros que la ciencia y la experiencia han acumulado; y coadyuve el sacerdote poniendo esos ejemplos y enseñanzas, por medio de la predicación, al alcance de las madres, especialmente de aquellas que por su absoluta ignorancia se encuentran fuera del poderoso influjo de la prensa. Cuando se haya logrado formar madres de familia, podrá decirse con fundamento que se ha resuelto el difícil problema de la educación de la humanidad, por medio de la educación de la mujer.

VI

Resuelto este problema, no será difícil dar á la mujer bien educada la instrucción que necesita. En esta materia no participo de las ideas de los que piensan que conviene darle la misma instrucción que al hombre: sería sacarla de su centro, debilitar su poder, contrariar su naturaleza. No creo que la mujer deba estudiar á fondo aquellas ciencias que no pueden serle de positiva utilidad, que no han de prestarle gran auxilio para llenar la misión de su sexo. Si la mujer no debe ejercer la abogacía, no necesita profundizar el Derecho. Sin conocer esa ciencia, sabe hacer algo más que el abogado que defiende al autor de un crimen, pues sabe detener el brazo que se dispone á cometerlo: tiene influencia suficiente para inclinar al criminal al arrepentimiento, lo que no puede lograr el abogado, por grande que sea su elocuencia; y sabe arrancar una víctima de manos de un tirano, para lo cual el Derecho es impotente.

No necesita profundizar el estudio de la Medicina, porque sin conocerla sabe curar las enfermedades del alma ó cicatrizar las heridas del corazón, contra las cuales la ciencia nada puede. Si no ha de ejercer las profesiones que con ellas se relacionan, no debe profundizar las Matemáticas y las ciencias físicas. Sin estudiarlas sabe construir, mejor que el más hábil ingeniero, el camino que más recta- mente la conduce al corazón del hombre, y levantar en su pecho una fortificación que la defienda de los ataques de su enemigo, imposible de destruir aun con los proycctiles más explosivos, ni de tomar por asalto, á menos que un traidor, que dentro de sus muros se oculte, abra las puertas.

Sabe construir en su imaginación los más soberbios castillos, que demuele y reconstruye á voluntad, y que pueden causar envidia al más célebre arquitecto. Y no hay maquinista capaz de inventar y dirigir motor de tanta fuerza como el sentimiento, con cuyo poderoso impulso la mujer conmueve el mundo. Si no ha de ser viajero ó navegante, inútil es para ella hacer estudios profundos de la Náutica y de la Geografía, sin cuyo auxilio puede navegar y viajar, no en frágiles barquillas y en este pequeño planeta, sino en alas del infinito por mundos desconocidos. Si no ha de gobernar una nación, no debe profundizar la Política, la Diplomacia el Derecho Internacional, la Economía, la Estadística. Y en verdad no lo necesita, pues no hay hombre de Estado que gobierne tan sabiamente como una buena madre de familia su pequeño reino, el hogar. En él puede apaciguar las rebeliones de sus súbditos, sin derramar una gota de sangre, sin usar de violencia alguna: puede conjurar, mejor que el más hábil diplomático, la tempestad que amenace turbar la paz, á consecuencia de un conflicto con otro poder igual al suyo que dentro de su reino existe: sin auxilio de las ciencias conoce bien los recursos de sus gobernados y los medios de mejorar su condición, y sabe administrar sus rentas y procurar su incremento, de manera que puede causar envidia al más hábil hacendista. Es, en fin, la forma de su gobierno digna de imitarse en la sociedad, por más que no tenga nombre conocido en la ciencia.

Si ni su débil organismo, ni la sensibilidad de su corazón le permiten ser soldado, ¿para qué ha de estudiar el arte de la guerra? No lo necesita, porque su misión es de paz. Si se presenta en los cuarteles, si acude á los campamentos, si presencia las batallas y expone su pecho á las balas, es con el uniforme de la caridad; y puede desafiar, segura del triunfo, al más valeroso General para que penetre con ella en un hospital á combatir cuerpo á cuerpo una epidemia, el ene- migo más terrible de la humanidad.

Hacen mal los que tratan de engañar á la mujer, y halagan su vanidad, pretendiendo hacerla creer que es tan apta como el hombre para ejercer todos los oficios y profesiones á que éste puede aspirar. No seré yo quien la niegue la capacidad intelectual; pero no debe olvidarse que ni su organización física, ni los instintos, ni las tendencias, ni los deberes especiales de su sexo, le permiten aquellas profesiones ú oficios que puedan arruinar su belleza, matar su pudor, poner en peligro su virtud ó distraerla por completo de la noble misión que la naturaleza le ha confiado. No concibo que de buena fe se pretenda convencer á una mujer de que vale menos en ella educar una familia, formando hijos útiles á su patria, que defender y ganar el más ruidoso pleito, ó hacer una asombrosa curación, ó resolver el más complicado problema matemático, astronómico, físico ó filosófico, ó construir un ferrocarril, ó un palacio, ó hacer el viaje más maravilloso, ó ganar una sangrienta batalla. Ella dirá, si la lisonja no la ha desvanecido, que desde el trono de su hogar, si lo ocupa dignamente, gobierna el mundo; lo que no ha logrado ni jamás logrará el más grande de los sabios ó el más ambicioso de los conquistadores. No quiero decir tampoco que se prohíba á la mujer el ejercicio de ninguna profesión. La venida al mundo de seres dotados de verdadero genio, es tan rara, que jamás deben despreciarse, sea cual fuere su sexo; sería criminal condenarlos á la oscuridad. Si la naturaleza ha concedido á alguna mujer dotes especiales para determinada profesión de las que corresponden comúnmente á los varones, y se siente con tendencia irresistible para adoptarla, ábrasele el templo de la ciencia, y alterne en él con los sabios, que no es la primera vez que lo hace con ventaja.

El error estará únicamente, de parte de los padres, en violentar la naturaleza, enseñando á la niña á despreciar su propio sexo y á odiar las ocupaciones á que instintivamente se inclina; y de parte del Estado consistiría en la creación de establecimientos especiales de instrucción profesional para la mujer, provocándola así, á perseguir por vanidad propia ó de su familia, una carrera para la cual no tiene ni inclinación, ni aptitudes, perdiéndose tal vez en ella una excelente matrona. Y mucho menos debe creerse que profeso las ideas de los que consideran bastante para la mujer, por toda instrucción, saber leer, escribir y contar, cuando más le conceden; y menos puedo pensar, como pensaban los romanos, que la mejor matrona era la que más bien sabía manejar el huso.

Debe darse á la mujer la instrucción primaria tan completa como al hombre, comprendiendo además los ramos propios de su sexo, no sólo porque éste es alimento necesario para la vida de todo sér que piensa, sino también porque la instrucción que á ella se dé no será estéril. La mujer, mejor que cualquier maestro, trasmite sus conocimientos á sus hijos; y si su esposo es ignorante, nadie mejor que ella sabrá abrirle el apetito del saber: él, que tal vez había resistido los esfuerzos de sus maestros y contrariado los deseos de sus padres, tendrá que doblegarse ante los ruegos de tan amable preceptora, y poco tiempo tardará en aprender cuanto ella sabe. El país, por consiguiente, que logra dar una instrucción siquiera elemental á la mujer, puede jactarse de que no pasará una generación sin que la absoluta ignorancia sea desconocida dentro de sus límites.

Debe enseñársele además de Medicina lo bastante para saber conocer y curar las enfermedades de los niños, y poder atender á la crianza de sus hijos con verdadera ciencia, lo que disminuiría la mortalidad de las criaturas, debida en mucho a la ignorancia de las madres; y también lo bastante para que pueda dar satisfacción con mejor éxito á sus naturales caritativos instintos. Y hasta puede hacer de esa ciencia una profesión, si ha de ejercerlas tan sólo con personas de su mismo sexo, en cuyo caso es, sin duda alguna, aún más á propósito que el hombre.

Enséñesele del Derecho, de la Economía social y doméstica, lo necesario para que pueda administrar un caudal y dirigir y manejar los negocios. Al esposo que la suerte le depare, toca completar esta instrucción, dándole la enseñanza concreta que sus especiales ocupaciones exijan, para que pueda sustituirle en su ausencia ó después de su muerte. En previsión de tales casos, debe darle cuenta de todos sus negocios, y tenerla al corriente de su movimiento; pues sólo así podrá evitar que el capital que legue a sus hijos desaparezca como si se convirtiera en humo, quedando éstos reducidos á la miseria por la falta de capacidad y de tacto en la viuda para administrarlo, ó por verse obligada á confiarlo en manos extrañas.

Enséñesele de la poesía, de la pintura, de música, de escultura, cuanto sus aptitudes permitan; pues creo errónea la idea de que la instrucción de la mujer en las bellas artes, por distraerla de los cuidados del hogar, es tan perjudicial para ella como el profundo estudio de las ciencias. El arte es hijo del sentimiento y por consiguiente, propiedad de la mujer: es constantemente su objeto, su inspiración, y debe saber comprenderlo.

Ella es artista por su naturaleza, y la perfección de una cualidad natural, nunca puede ser dañosa. Si en su destino está escrito que ha de ser la esposa de un artista, no será feliz si no sabe apreciarlo en cuanto vale. A diferencia del sabio, que es hasta cierto punto egoísta, que necesita para sus trabajos del aislamiento, y por lo mismo le importa poco ser comprendido, el artista es casi siempre vanidoso, amigo de la expansión, de recibir aplausos de quien pueda darlos á conciencia, y necesita de una esposa que pueda admirarle comprendiéndole; y sólo así pueden llegar á la unión moral en el matrimonio, única que hace posible la felicidad doméstica.

Dese á la mujer instrucción religiosa, porque su piedad natural y su misma debilidad, la inclinan á buscar en un Sér Supremo el amparo que en el mundo no halla; y es preciso dar satisfacción á esta necesidad de su espíritu, procurando á la vez preservarla de los extravíos á que da lugar. Aprovéchese la religión para consolidar su moralidad, pero aléjesela con decididos esfuerzos del fanatismo, de las prácticas supersticiosas, y sobre todo de la idolatría, á la que fácilmente se inclina, por el poderoso influjo que en ella ejerce la imaginación.

Una mujer que tales conocimientos posea, á quien además, si es posible, se den nociones de literatura y de todas las ciencias, cuanto más extensas, mejor, podrá ejercer mayor y más benéfica influencia en el hombre y darle la cultura que no se adquiere nunca con el estudio, sino sólo con el trato de una mujer bien educada y verdaderamente instruida.

Cuando la mujer reúna estas cualidades, con razón podrá decirse que está para renovarse desde sus cimientos el mundo moral, y que la humanidad habrá dado con esto un paso más agigantado, que con los descubrimientos en las ciencias y en las artes, de que tan orgulloso se muestra nuestro siglo.

VII

Pondré ya fin á mi tarea, no por estar agotada la materia, pues sobre ella, quien posea una sólida instrucción, podría escribir grandes volúmenes. Mas yo, que no la tengo, temo haber abusado ya demasiado de vuestra atención. Me inquieta también la idea de que por mala inteligencia de alguno de mis conceptos, se crea lastimado el bello sexo, cuyos enojos tanto temo, por lo mismo que tanto respeto le profeso. Pero si lo que he dicho en su favor no basta como prueba de mi sinceridad, llamo á la memoria, especialmente de mis bellas compatriotas, que entre ellas se encuentra de seguro la que formará la realidad de mis ensueños y habrá de ser la dulce compañera de mi vida, si hay alguna que se resigne á compartir conmigo su suerte, sometiéndome al suave yugo del matrimonio.

Y si aún no basta, les recuerdo que entre ellas se encuentra el sér á quien debo, más que la existencia, la educación y la instrucción que pudo procurarme, á costa de incalculables sacrificios y hasta del sudor de su frente, en el desamparo de la viudez y agobiada por la enfermedad y la pobreza. Si tengo ambición y sueños de gloria, es su estímulo más poderoso, la esperanza de ver llegar un día, si mis aspiraciones se realizan, en que oiga decir en recompensa de tanta abnegación: "Ha llegado hasta allí por haber tenido una buena m

EL REMEDIO DE QUIRÓS

Se nos comunica de Yoro que el señor Comandante manda como cadetes a esta capital a diez individuos, miembros de los Subcomités liberales en los varios pueblos del departamento de Yoro. Pues no ha hecho un gran descubrimiento el señor Quirós, ni creemos que el Gobierno se lo agradezca. Todos esperábamos que había hallado el específico para curar de raíz el liberalismo en Honduras, y hasta es de creerse que se estaría discutiendo entre los progresistas qué gordo premio se le adjudicaría y tal vez si se le concedería patente de invención. Mas ha dado un verdadero chasco.

Los Subcomités Directivos de los pueblos tienen varios miembros. Para sacarlos a todos de su pueblo necesitarían dar de alta por lo menos a doscientas personas, todas de las más firmes en sus convicciones; y en el acto se procedería a elegir a otras, con quienes habría que hacer lo mismo; y para concluir sería preciso llamar al servicio a todos los miembros inscritos en el partido, es decir, habría que poner las armas sólo en manos de liberales, lo cual, en verdad, podría hacer el Gobierno sin riesgo alguno, pero no se atrevería. Consecuencia: que el pueblo donde más liberales haya, menos soldados suministrará para el servicio de guarnición; y que el remedio Quirós, si en otras épocas ha sido eficaz, ahora es absolutamente inútil.

Vuelva sobre sus pasos, y busque por el otro camino que creímos seguiría: escriba, perore, trate de convencer a los yoreños, de que él sólo ha vivido consagrado a hacer el bien de su departamento, como verdadero padre de sus pueblos; y por ende les probará que el actual Gobierno ha sido el que más bienes les ha hecho, y en consecuencia, que si triunfa el candidato oficial, seguirán viviendo bajo la paternal administración del mismo señor Quirós. Ensaye ese medio y verá cómo el liberalismo desaparece para siempre.

24 de abril de 1891.

PERNICIOSA DOCTRINA

El Gobierno, en el periódico "La República", pretende justificar el atentado cometido contra Samuel S. Valladares, agravando el mal causado; pues sobre el que produjo un hecho, que podía considerarse aislado y no repetirse, viene la amenaza de querer considerarlo como un perfecto derecho; y, por consiguiente, el peligro de la reincidencia. La doctrina defendida por el Gobierno merece ser calificada, y por eso la calificamos de perniciosa.

Agrega el colega, que "es sabido y muy sabido que los cargos públicos son obligatorios y que sólo pueden ser dimitidos, cuando asisten al nombrado motivos de excusa, calificados como tales por alguna disposición; y que Valladares no expuso esos motivos, por lo cual no le fue admitida su renuncia".

Sin duda, queda ahora sabido y muy sabido, que cuando no hay ley en que el Gobierno pueda fundarse para maltratar un ciudadano, la da por supuesta o la inventa; porque ya habíamos afirmado que ninguna declara de obligatoria aceptación los cargos remunerados, y sin embargo no se ha tomado el colega el trabajo de enseñárnosla. Y, por lo mismo, tampoco hay ley que señale las causas de excusa; pero si nos equivocamos, deber del Gobierno era, para justificar su conducta, indicar cuáles son esas causas legales, y demostrar que no lo eran las alegadas por Valladares. Por nuestra parte, hemos publicado los fundamentos de la renuncia o no aceptación de Valladares; y si esos no eran justos a juicio del Gobierno, en un caso en que su derecho, por lo menos, debía parecerle dudoso, y en que su honra y su delicadeza estaban interesados, no concebimos cuándo un miembro del Partido Liberal pueda lograr que se le administre justicia.

Dice también, que bajo el supuesto de la verdad de su doctrina: "la prevención hecha a Valladares, de pasar al lugar de su destino, no envuelve ninguna infracción que pueda enrostrarse al Gobierno"; y ciertamente, si éste hubiera tenido el derecho de mandarlo, con la prevención que le hizo el Ministro de Hacienda, no se infringía ninguna ley; pero con la prevención que le hizo el Presidente de la República, de despacharlo con una escolta, si no lo hacía buenamente, se ejecutó un acto de caprichosa voluntad, respecto al cual no se atrevió el colega a inventar la existencia de ley alguna que lo autorice. Si en el caso presente pudiera calificarse la negativa a cumplir lo mandado, como desobediencia o abandono del destino, la ley penal ha establecido la correspondiente sanción, y a los Tribunales de justicia toca aplicarla. Y no creemos que por ello sobreviniesen serias dificultades a la Administración, pues al contrario, se libraría ésta del mal servicio de un empleado a la fuerza, que es en verdad dificultad muy seria.

Ya nos hemos ocupado otra vez, y volveremos hoy a ocuparnos, de la errónea doctrina que el Gobierno sustenta respecto a su derecho de hacer militares a la fuerza; pero no sospechábamos que también pretendería poner al alcance de sus garras, por medio de los empleos civiles, a los ciudadanos que no quieren tener obligación alguna, como no sean los deberes de patriotas, para con un Gobierno al cual combaten en uso de legítimos derechos. La prensa oficial censura, como nosotros, el excesivo amor al presupuesto que se ha despertado en los hondureños; pero no lo hace con sinceridad, puesto que el Gobierno obliga a ser empleado a quien quiere vivir independiente por su trabajo, principalmente si le proporciona mejor y positiva remuneración.

No conocemos legislación alguna que obligue a servir empleo no concejil a quien no quiere; y admiramos el aplomo con que el Ministro Redactor de "La República", afirma que el principio por él defendido, es el universalmente admitido. Reflexione detenidamente el señor Ministro: no basta decir soy liberal, soy republicano; es necesario probarlo; ni menos en pocos días se puede convertir un reaccionario en liberal. Si quiere que sus actos estén conformes con sus palabras, medite mucho antes de obrar. El olvido de estas verdades, es la sola explicación que encontramos a la atrevida afirmación de que es un principio de legislación universal el derecho de los Gobiernos, de convertir a los ciudadanos en esclavos suyos.

1.° de mayo de 1891.

EL SERVICIO MILITAR OBLIGATORIO

Nada bueno puede realizarse sin sistema. Adoptar uno cualquiera, por malo que sea, es siempre mejor que obrar al acaso o a capricho.

Comprendiendo esta verdad sin duda, se proyectó la organización del ejército hondureño, declarando el servicio militar obligatorio, de 18 a 40 años, en la Carta Fundamental. Una ley posterior lo redujo a los extremos de 21 a 35 años.

Varias disposiciones después han reglamentado el servicio que ese ejército debe prestar.

Esto ha dado por resultado la desmoralización del ejército, o mejor dicho, el no tenerse ejército, y el horror a la carrera militar.

Y hay algo peor todavía. Según la ley, el hondureño está obligado a prestar servicio militar durante los catorce mejores años de su vida, lo cual reconoce el programa progresista, como de pésimas consecuencias; y no obstante, como si poco fuese, y contra la disposición legal, se confieren grados militares a personas mayores de 35 y aun de 50 años. Sabemos que hay pendientes varias renuncias que en tal caso se hallan, y esperamos verlas admitidas pronto, para evitar el grave mal que combatimos, por hoy, ligeramente.

1.º de mayo de 1891.

SIEMPRE EN TURBIO

Bajo este epígrafe publica "El Herald" de New York, fecha 19 de octubre, lo siguiente:

"Las Repúblicas de Centro América están pasando un tiempo difícil otra vez. En efecto, parece que están siempre próximas á un conflicto. Costa Rica encuentra difícil vivir pacíficamente en compañía de Nicaragua; mientras El Salvador y Guatemala están dándose el lujo de hacer creer que fortalecen las relaciones, siendo que pueden ir al campo de batalla á cualquier momento. Nicaragua y Honduras no están en los mejores términos, y cualquier provocación podría originar un conflicto. Todos estos Estados son simplemente pigmeos en lo concerniente á tamaño; pero son sangre caliente y caminan con la mecha en las espaldas.

La particularidad de las repúblicas de Centro América es que no son repúblicas. Su población, que en su mayor parte se compone de indios, no está educada, y son por lo tanto gobernados por amos. Los de dentro forcejando por conservar dichos amos, y los de fuera por arrojarlos. En consecuencia, hay siempre algo oscuro en el horizonte, y las rebeliones para fines políticos las hacen con la misma facilidad que nosotros los del Norte abrimos un ostión ó preparamos un guiso. Seis meses sin revolución ó sin la perspectiva de una; pondrían las cosas bien tristes en Centro América. Estará todo bien por ahora, pero hay mucho que hacer antes que esos Gobiernos puedan establecer algo que parezca seguro. Ellos necesitan un buen sistema de escuela, sin el cual un pueblo es simplemente populacho ó canalla. No existe opinión digna de tal nombre en un país donde las escuelas no están á fácil alcance de todos los habitantes. A los centroamericanos debe enseñárseles á leer y á pensar. Entonces prescindirán del puñal del asesino y de su afición al pillaje, y construirán un edificio social y político que soporte la acción del tiempo. Hasta que la casa de escuela no se construya, estas revoluciones pisarán los talones de todos ellos y mantendrán el populacho en constante fermentación".

Encontramos varios errores de apreciación en las anteriores líneas, grave injusticia cometida contra los pueblos centroamericanos, y queremos rectificarlos.

Dice el periódico neoyorkino, con razón, que estos países están gobernados por amos; pero no amos que tengan derecho de serlo, sino usurpadores de la ilimitada autoridad que se arrogan. En vista de esto, los hijos de la gran República, en vez de alentar á esos amos para ejercer su despotismo, debieran alentar á los pueblos para sacudirlo y entrar en la práctica de las verdaderas instituciones republicanas.

Concretando nuestra defensa á Honduras, sentamos la siguiente proposición: "Hace quince años que ningún serio trastorno del orden público ha ocurrido por culpa del pueblo: si la tranquilidad pública en todo el país se ha alterado muchas veces, ha sido por culpa del Gobierno".

Durante la administración Soto, sólo una vez se levantó una facción acaudillada por el indígena Calixto Vásquez, la cual fué ocasionada por las persecuciones de que fueron objeto injustamente, por exceso de rigor y hasta crueldad, varios pueblos de su raza. Y aquella facción fué sofocada al nacer, antes, siquiera, de ser conocida la insurrección en todo el país.

Durante la administración Bográn, ha reinado, en general, la paz aparente, pero en verdad hemos vivido en estado de guerra. Mas ninguna culpa ha tenido el pueblo hondureño.

En 1885 se levantaron ejércitos y se decretó el estado de sitio en toda la República; es decir, se colocó á los hondureños fuera de la ley, sin que ninguno hubiese dado señales de pretender alterar el orden. Tales disposiciones fueron originadas en la adhesión al decreto en que el General Barrios, de Guatemala, se proclamó á sí mismo Jefe de la República de Centro América, para cuya adhesión, de tan trascendentales consecuencias para el país, no se consultó la opinión pública, sino que se le mostró como un hecho consumado. No fué, pues, el pueblo, sino el Gobierno, el autor de aquella situación anormal, de aquella alteración de la tranquilidad pública, causada principalmente por alharaca y cobardía de los Jefes de la Nación, pues ningún soldado hondureño llegó á quemar un cartucho.

En el mismo año se supo la noticia de que el General Menéndez había encabezado la revolución que derrocó la administración Zaldívar en El Salvador. Nuestro Gobierno mandó fuerzas á la frontera; y ocurrió el caso singular de que, mientras el General Leiva, encargado de la Presidencia, simpatizaba con la revolución y le ofrecía auxilios à Menéndez, Bográn los ofrecía á Figueroa, que ejercía el poder en El Salvador, si bien á ninguno fueron dados, no pasando, como siempre, de meras promesas. Pero eso fué bastante para volver á decretar el estado de sitio y mantener al país en alarma durante algunos meses, aunque tampoco esta vez se quemó un solo cartucho.

En principios de 1886 se anunció una expedición despachada por el señor Soto, ex-Presidente de Honduras, en el vapor "City of México", cuyo término es bien conocido en los Estados Unidos, por haber capturado aquella embarcación uno de sus buques de guerra. Pues durante largo tiempo el país soportó otro estado de sitio, y sin embargo, un tiro no llegó á dispararse, ni jamás el buque enemigo arribó á nuestras playas. Y nótese que en este caso sólo la costa Norte podía estar amenazada, porque aquella embarcación navegaba en el Atlántico; á pesar de lo cual, el Gobierno hizo cundir la alarma, el desorden, la intranquilidad en toda la República, hasta en su costa del Pacífico.

En el mismo año de 1886, apareció en la frontera de Nicaragua una facción acaudillada por el desgraciado General Emilio Delgado, y compuesta por todo de unos veintiocho enemigos: se internaron en el país y llegaron hasta el valle de Comayagua, sin que sus filas se hayan engrosado con un solo soldado más. Pues el Gobierno, para combatir esos 28 hombres, puso en conmoción á todo el país, levantando un ejército de 4.000 plazas, y decretando, por ser á su juicio esencial, otro estado de sitio en todo Honduras.

En 1887 el General don Tosé María Barahona atacó y tomó el puerto de La Unión, República de El Salvador; y nuestro Gobierno, que, teniendo conocimiento del proyecto, pudo evitar su consumación, al ver que resultaba aislado y tendría un seguro fracaso, quiso ganar méritos con el de la República vecina, mandando al Comandante de Amapala, atacar á Barahona, como lo hizo, y lo venció. Pero eso fué bastante para decretar estado de sitio de uno á otro de los confines de la Nación, levantando crecido ejército.

Pasan relativamente tranquilos los años de 1888 y 1889; pero llega el de 1890. Poco antes del 22 de junio, fecha en que perdió el Gobierno y la vida el General Menéndez, se notó aquí movimiento de tropas, con pretexto, que á nadie engañó, de un proyecto de invasión de emigrados por la frontera de Nicaragua, comprendiéndose la verdad, al saberse el indicado suceso de El Salvador. Nuestro Gobierno quedó en armas, pero al parecer sin intención de intervenir en la contienda salvadoreña. Mas, iniciada la guerra entre Guatemala y El Salvador, nuestros ejércitos se mueven sobre la frontera del segundo de estos países, y al fin, sin motivo ostensible, nos encontramos en actitud de guerra y en el quinto estado de sitio decretado, si bien, como siempre, tuvimos la buena suerte de que no se derramase una gota de sangre hondureña, exceptuando la de las personas que por cuenta propia acompañaron al General Rivas en su expedición al Salvador, de tan trágico resultado para él.

Pocos meses después, el General Longinos Sánchez, favorito del General Bográn durante siete años, acostumbrado al poder absoluto, comprendió que había decaído en el favor de su amo, y resolvió alzarse con el Poder, aprovechando los elementos que había puesto el Gobierno en sus manos: ejército, armas y pertrechos. Habría consumado su atentado si este pueblo, á quien calumnia el periodista norteamericano, no hubiese salvado al Presidente de la República de manos del jefe rebelado, y después peleado con ardor por restablecerlo en el Poder. Con este motivo se decretó también el estado de sitio, y fué el sexto; pero como entonces el Presidente no se hallaba bajo la influencia de los hombres de siempre, sino de otros, celosos defensores del imperio de la Constitución, y á pesar de que en esa vez muchas fueron las víctimas, porque hubo combates, sólo duró ocho días la situación anormal, y todo volvió a quedar como antes, por desgracia en toda la extensión del sentido de estas frases.

Por último, unos pocos individuos sorprenden la guarnición del puerto de Amapala, matando á su Comandante, el General Bardales, en mayo del presente año. El pueblo amapalino (siempre el pueblo calumniado como bochinchero por la prensa americana) recobró los cuarteles. Casi al mismo tiempo supo el Gobierno las dos noticias; sabiendo, por consiguiente, que todo estaba terminado y no había peligro alguno para la paz de Honduras; pero como estaba pendiente la lucha electoral, el Gobierno aprovechó la ocasión para impedir los trabajos de la oposición é imponer la candidatura de su gusto, decretando el séptimo estado de sitio, el menos justificado de todos y el que más ha durado, pues duró cien días en el departamento de la capital, y más en los otros, en relación con la distancia.

Ahora preguntamos: ¿Qué juicio merece para el pueblo norteamericano un gobernante que en sus ocho años de mando hace sufrir al país siete estados de sitio, en general injustificables, que significan siete períodos, durante los cuales el ciudadano se halla fuera de la ley y á merced de sus mandarines? ¿Qué juicio le merece el pueblo hondureño que pacientemente ha soportado, por su amor á la paz, no sólo eso, sino también la conculcación de todas sus leyes, derechos y libertades, el saqueo el derroche de su Tesoro, el hundimiento de su crédito interior y exterior, la usurpación más descarada del Poder Público?

Si todos los antecedentes que dejamos expuestos son tomados en consideración, habrá quien se atreva á calificar al pueblo hondureño de demasiado sufrido, de falto de virilidad y virtudes republicanas; habrá quien le llame pueblo esclavizado; pero nadie dirá de él que es bochinchero. Dirán todos que en Honduras no hay más bochincheros, trastornadores del orden y la tranquilidad pública, que su Presidente y sus cómplices, que día por día, hora por hora, minuto por minuto, pisotean la Constitución y provocan al pueblo á una lucha desigual, pero que al fin será aceptada para rescatar la honra de la Nación.

Demostrado queda que, si mal concepto tiene formado de nuestro país en el exterior, culpa es de su Gobierno y no de su pueblo. Ojalá que la prensa de los Estados Unidos llegue á convencerse de esta verdad, para que, en vez de condenar, aliente la revolución salvadora que ha de colocar al pueblo hondureño en plena posesión de sus derechos y en pleno goce de las instituciones republicanas que ha adoptado. Ese será proceder digno de un pueblo que va á la vanguardia de los pueblos libres, y no el hacerse cómplices de nuestros déspotas, que con razón llaman nuestros amos.

21 de noviembre de 1891.

BOLETIN DE LA REVOLUCION: NUMERO I[2]

Tatumbla: 26 de febrero de 1893. —(Campamento á 4 leguas de la capital.)

EL PRIMER COMBATE

La revolución liberal celebra su primer triunfo. El día de ayer á las 5 p. m. se presentó frente á Tatumbla el General don Alfonso Villela al mando de 350 gracianos, atacando casi por sorpresa la avanzada de caballería que, en una altura inmediata, sobre el camino

---

[2] En esta colección aparece integro el texto de los números que se publicaron del " Boletín de la Revolución," aunque hay unos pocos escritos que no son de la pluma del Doctor Bonilla y que se distinguirán á la simple vista por la firma de sus autores. El objeto es el de que se conserve para la historia todo el contenido del periódico, ya que pueden perderse los muy pocos ejemplares que fueron tirados en la " Imprenta de la Revolución," bajo los fuegos del enemigo. Y á propósito, es de conocerse la historia de esta imprenta. Fué comprada al crédito en El Ocotal a doña Trinidad de Gutiérrez, por $ 50.00 bajo la fianza de don E. C. Fiallos, habiéndose pagado después por medio de don Francisco Altschul. La prensa de mano, "Chalenge Army" se hallaba en una cocina. Apenas había 75 libras de tipo, las que quedaron reducidas á 43, al ser practicada la desempastelación. Para dejarse esta imprenta en estado de servicio, hubo que hacer un gasto de $ 22.00, que se recogieron por suscripción, así: don Hermenegildo Arias y don Juan Pablo Torres, $ 6.00 cu., y don Inés Navarro y otros con pañeros de armas, $ 10.00. La arreglaron los señores don Samuel Ladislao, don José María y don Martín Valladares, y la instalaron en un bosque llamado " Casas Viejas," (jurisdicción de Macuelizo, Nicaragua), donde los referidos señores que trabajaban como cajistas, imprimieron la proclama del Doctor Bonilla, fechada en la frontera, y un folleto de don Inés Navarro, titulado Martirio de Secundino Ponce. Después se la trajo al campamento de Tatumbla y al del Picacho, y cuando los revolucionarios pasaban por Cedros, hubo que dejarla oculta en una mina de don Paulino Marín. De allí, al triunfar la revolución en 1894, fué traída al Palacio del Ejecutivo, donde hoy se conserva como un recuerdo de la gloriosa campaña de 1893.

de Tegucigalpa, tenía colocada el General don Terencio Sierra, Jefe del cuerpo de ejército revolucionario del Sur, que en combinación con el del Oriente marchaba sobre la capital en vanguardia.

Por la sorpresa, la avanzada, aunque hizo enérgica resistencia, fué rechazada; logrando el enemigo descender en masa para atacar el pueblo hasta distancia como de ciento cincuenta varas de nuestra primera avanzada, y después llegó una de sus guerrillas hasta cincuenta varas, la cual fué rechazada á su anterior posición.

El General Sierra había ordenado construir atrincheramientos provisionales en el pueblo, de los cuales se aprovechó para rechazar el ataque del enemigo.

El General Reina, al mando del cuerpo de ejército de Oriente, formando la retaguardia, venía á legua y media de distancia cuando supo que se había principiado el combate, y apresurando la marcha, destacó al Coronel don Manuel I. Rosa con dos compañías para sostener la vanguardia. Cuando llegó Rosa, la noche había suspendido los fuegos, y el General Sierra, sin abandonar el pueblo, se había posesionado de la altura del camino que traía la retaguardia. Esta tomó posiciones allí al llegar los Generales Reina y Archer, y con ellos el Doctor don Policarpo Bonilla. Se combinó el plan de batalla para el día siguiente, destacando el General Reina 30 texíguats al mando del Teniente Teófilo Sánchez y Subteniente Juan Vicente Bucardo, sobre una altura del ala izquierda del enemigo. A las 6 a. m., el enemigo rompió el fuego sobre la población; pero atacado á la vez á la retaguardia por los texíguats, tuvo que prestar á éstos toda su atención, viéndose obligado á sostener sus fuegos á la vez que los que por el frente se le dirigían de nuestras posiciones avanzadas. Después de hora y media de combate, el enemigo se pronunció en retirada, que á continuación se convirtió en precipitada fuga, pues el jefe Villela tomó el camino de La Montañita con sólo 50 hombres armados, y los demás huyeron en distintas direcciones, en su mayor parte sin armas.

La revolución tiene que lamentar la pérdida del Sargento Timoteo Flores, de Maraita, en el combate de anoche, y del joven soldado Francisco Cálix, de San Lucas, en el de hoy. Ningún herido. Se ignoran las pérdidas por parte del enemigo, porque se llevaron los heridos, y se supone que quemaron los cadáveres, porque aún está incendiado el campo de batalla, y no es posible explorar la parte donde debieran encontrarse. No fué posible hacer la persecución del enemigo, porque la ventajosa posición que ocupaba hacía temer una emboscada.

Al explorar el campo se tomaron unas bestias ensilladas, armas y municiones que abandonó el enemigo.

Parece que el enemigo marchaba para realizar una combinación atacándonos en el pueblo de Güinope.

En esta vez los esforzados descendientes de Lempira han demostrado que no quieren seguir prestándose como instrumento de miserable ambición, y menos en esta guerra insensata de parte del actual Presidente de la República.

Que abran los ojos los hondureños, y se convencerán de que, si no hay paz en Honduras, á pesar de tantos esfuerzos que ha hecho el Jefe del Partido Liberal por arreglarla con el actual encargado del poder, Licenciado don Rosendo Agüero, es porque éste no tiene libertad de acción: es mero instrumento, casi un prisionero del General don Domingo Vásquez, quien ve el logro de su antigua y desbordada ambición sólo en la destrucción del Partido Liberal.

Publicaremos pronto documentos justificativos.

NÚMERO 2

Tatumbla: 27 de febrero de 1893

LA REVOLUCION TRIUNFA

Mucha mayor es la importancia del primer triunfo obtenido por nuestras fuerzas de lo que al principio pudo creerse. Con los datos obtenidos hoy, cuya certeza es indudable porque provienen de distintas direcciones, se confirma nuestra creencia, expresada ayer, de que el enemigo había combinado un plan de ataque con todas sus fuerzas, suponiendo las nuestras en el pueblo de Güinope. En efecto, á la vez que el General Alfonso Villela salió de Tegucigalpa por el camino de este pueblo, con 350 hombres, salió el General Vásquez, al mando de 600 á 700, por la carretera de Yuscarán.

Presumimos que el General Villela ignoraba al salir la presencia del General Sierra aquí; y al saberlo en el camino, creyó que podría conquistar fácilmente la gloria de batirlo, olvidándose de lo que valen los jefes y soldados liberales, que han luchado siempre uno contra diez, contra quince, contra veinte, con toda la ventaja moral de su parte.

Ese olvido le costó su derrota. No inculpamos al General Villela. Bien sabemos que es un militar valiente y experto, á quien profesamos verdadera estimación, porque siempre ha sido moderado y tolerante para con los opositores del Gobierno que ha servido, eludiendo lealmente el cumplimiento de las bárbaras órdenes que se le comunicaban. Pero nada puede la pericia ni el valor de un jefe cuando la tropa que tiene á sus órdenes, convencida de lo malo de la causa que se le obliga á defender, se niega á derramar su sangre en provecho de un tirano aborrecido, rehúsa dar la muerte á sus hermanos, que traen la paz verdadera, la tranquilidad de los hondureños, la salvación de la patria, en la punta de sus bayonetas. Que no se avergüence el General Villela por haberle vencido hombres que, desde el primer jefe hasta el último soldado, saben apreciar al hombre honrado tanto como maldecir al criminal.

Cuando el General Villela se convenció de que tenía que luchar contra todo nuestro ejército de Oriente, mandó un correo al General Vásquez llamándole, el cual lo alcanzó al bajar la cuesta de El Rancho. Al recibirlo, Vásquez mandó llamar al Coronel Rafael López (a) Culuca, que había pernoctado en San Antonio, y regresó sobre este pueblo, sin duda á librar acción decisiva; pero Villela, en vista de la dispersión de sus soldados al recibir la enérgica carga por retaguardia de los 30 texíguats, comprendió que una segunda carga le destrozaría por completo, corriendo hasta el riesgo de caer prisionero. Por eso, mientras marchó al encuentro de Vásquez con la pequeña columna que ayer mencionamos, dejó sosteniendo la acción al resto de sus tropas para proteger su retirada con parte del tren. Media hora después, sólo una parte de sus soldados fueron, en completa derrota, á alcanzar á su jefe, huyendo los demás por todos los caminos y arrojando en las barrancas armas y municiones, de las cuales muchas se han recogido ya.

Vásquez, al encontrarse con Villela derrotado, en vez de avanzar para vengar la afrenta, que lo era para él verdaderamente, creyó más prudente contramarchar; pernoctó en El Edén, donde se le reunió el Coronel López, y todos juntos se dirigieron hoy para Santa Lucía. No comprendemos todavía el objeto de ese movimiento; pero es seguro que por esta vez Vásquez renunció á devolver el juicio á cañonazos al Jefe del Partido Liberal, como lo ofreció en telegrama que dirigió al Doctor Arias a Güinope, que después publicaremos.

No podemos todavía informar sobre el paradero de las fuerzas de Vásquez, pero lo sabremos mañana. Suponemos sí que habrá regresado á proteger la capital, que con razón debe suponer amenazada, salvo que otro peligro haya llamado su atención por el lado de su retirada.

Pueda ser que esta severa lección haga comprender al señor Agüero que no es tan temible el león como se pinta solo, y le haga resolverse á dejar de representar el triste papel que Vásquez hizo representar á Leiva en sus últimos días de Gobierno.

Las últimas noticias que del General Manuel Bonilla recibimos, fueron de Guaimaca, donde se encontraba con 300 hombres armados de rifles bien equipados, y cerca de igual número con armas de todas clases.

En El Corpus continúa el General Tomé al mando de una fuerte columna revolucionaria, que en momento oportuno se apoderará de la plaza de Choluteca, cuya guarnición, de 400 hombres que tenía, hoy apenas contará 200, por la salida de la escolta que custodió al General Matute hasta Comayagua y las constantes deserciones sin posible reemplazo.

En el distrito de Goascorán se ha organizado una columna de más de 300 hombres, que, aunque en su menor parte armados, bastarán para mantener bajo el dominio de la revolución todos los pueblos del departamento de Choluteca y la mayor parte de los de La Paz.

Otra fuerte columna se ha organizado en los distritos de Reitoca y Sabanagrande, departamento de Tegucigalpa, cuya vanguardia se encuentra en el Cerro de Hule, á seis leguas de la capital.

Nada podemos decir todavía sobre el curso del movimiento en el Norte, ni de lo que ocurre en otros departamentos; pero si podemos asegurar que el Partido Liberal, en donde quiera, demostrará que es uno é indivisible á pesar de todas las intrigas, y sabrá elevarse á la altura de su santa misión. Estamos en espera de correspondencia que nos informará de los sucesos.

La revolución domina hoy todo el departamento de Olancho, todos los pueblos de los departamentos de Choluteca, Tegucigalpa y El Paraíso, con excepción de las cabeceras; muchos de La Paz y Comayagua, y tal vez en estos momentos otro ó más departamentos enteros.

La revolución triunfará, porque es la única tabla de salvación que queda á los hondureños, hasta para los enemigos jurados del Partido

Liberal, porque sólo así creerán garantizadas su vida y hacienda.
—L. R.

SALVAJISMO

En su afán de dominar por el terror al pueblo hondureño, que ya no se deja amedrentar tan fácilmente, para el logro de su ambición el General Vásquez ha dado pruebas de verdadero salvajismo en la capital, precisamente cuando las dos comisiones sucesivas del señor Agüero trataban en Güinope de arreglos de paz y ofrecían un régimen de garantías, que el señor Agüero creía sin duda poder otorgar.

Mariana García, Juana Jirón, Francisca Amador y cuatro más, cuyos nombres ignoramos, fueron capturadas por el esbirro mejicano Garfias, llevadas al cuartel, rapadas la cabeza á navaja, untándolas de aceite para colocarlas después al sol, paseándolas en seguida en pública exhibición por las calles de la capital. Suplicado Vásquez por la hija de una de ellas para que revocase la orden, contestó: "Ya pasaron aquellos tiempos: muchas más (sesenta estaban en lista) sufrirán la misma suerte; continuaré con la clase media y concluiré por las encopetadas señorita".

Muchos honrados ciudadanos están allá aherrojados en la Penitenciaría. Muchos han sido apaleados, sabiendo sólo el nombre del bien conocido sastre Eliezer Alejo Canizales, quien está moribundo á consecuencia de 500 palos que le aplicaron, si no estamos mal informados.

A tales extremidades ha conducido al General Vásquez el despecho, al convencerse de que no había logrado suplantar al Doctor Bonilla como Tefe del Partido Liberal, cual fué su decidido empeño, ya por la amenaza, ya por la seducción, desde que logró la expatriación de aquél y de sus principales colaboradores de la capital. Y pruebas claras ha tenido de lo vano de su empeño, al ver que los hijos de Tegucigalpa, y en general los pueblos donde la revolución toca, acuden en masa á engrosar sus filas, despreciando las promesas y amenazas del aspirante á tirano, que felizmente se ha descubierto á tiempo ante la sociedad, aunque siempre lo ha estado ante sus familiares y amigos.

No podía ser de otra manera. No en vano ha luchado tanto el pueblo hondureño por romper el yugo que tanto tiempo le ha oprimido, para querer cargar con otro más pesado.

Severa lección recibió el Inspector Juan Ángel Castro, que con 15 soldados se dirigía, según afirmaba él mismo, á incendiar el pueblo de Santa Ana, por la adhesión manifiesta y unánime de sus habitantes á la causa de la revolución. Eusebio Montes, con unos tantos vecinos armados de escopetas, revólveres y machetes, fué al encuentro de Castro, quien huyó ante ellos; y perseguido, perdió la mayor parte de las armas, cayendo éstas en manos de los revolucionarios. Imiten este ejemplo todos los pueblos que quieran hacerse respetar por sus tiranos; y no olviden éstos tan severa lección, para que se abstengan de proferir amenazas, y más de ejecutar hechos que la civilización condena.

Arreglos de Paz. —Así se titula una hoja suelta publicada en Tegucigalpa, en que se inculpa al Jefe del Partido Liberal por no haberse concluido la paz que tanto deseaba él como manifestaba desearlo el señor Agüero, pero que tanto interés tenía en frustrar el General Vásquez. Es una hoja anónima, porque ni el mismo Vásquez, su autor, se atrevió á suscribir las falsedades que contiene. Después publicaremos documentos para comprobar nuestro aserto; pero no queremos dejar de llamar la atención sobre el artículo 1º de las bases que publican como auténticas, referente á garantías, que no ha sido propuesto por el Gobierno, y por la revolución lo fué hasta en las bases redactadas con Arias, Dávila y López, que Agüero rechazó sin decir en concreto los motivos. Los amigos de representar farsas no prescinden de ellas ni en los asuntos más serios, principalmente cuando se trata de calumniar á los contrarios. Felizmente las reputaciones de Bonilla y Vásquez están bien establecidas en Centro-América; y la de éste es tal, que ni el nombre de Agüero, antes tan respetado, que ha tomado como antifaz, se libra de la repulsión general. Bien claro lo están demostrando los pueblos y las fuerzas que tiene á sus órdenes.

NÚMERO 3

Tatumbla: 3 de marzo de 1893

ARREGLOS DE PAZ

En una gacetilla del número anterior nos ocupamos de la hoja suelta publicada bajo ese epígrafe, y prometimos publicar documentos que comprueben la falsedad cometida al consignar las bases que consideran desechadas por la revolución, cuando en realidad lo han sido por el señor Agüero, ó mejor dicho, por el General Vásquez, pues Agüero tenía compromiso de aceptar mucho más en favor de la revolución, á juzgar por sus cartas y telegramas, é instrucciones á sus Comisionados. Agüero, al conocer las bases de la revolución, que no difieren sustancialmente de las propuestas por él (salvo que diferencia sustancial se considere el no haberse mencionado el Ministerio que se ofrecía al señor Bonilla, porque no quiso estipulación alguna en favor de su persona), se limitó á decir que encontraba en ellas algo que afectaba el decoro del Gobierno, sin concretarlo, y á llamar á sus Comisionados, con lo cual cerró la puerta á toda negociación. Así, Agüero se ha hecho sospechoso de complicidad en la felonía con que procedían Vásquez y sus allegados, felonía que se le denunció con pruebas, sin dar nunca satisfacción alguna. Se le probó el único propósito de ganar tiempo, y el resultado lo confirma. Así se han visto obligados á reconocerlo los varios Comisionados que han tratado sobre la paz con el Doctor Bonilla. No debemos omitir que hubo otras bases propuestas por el señor Agüero, que después publicaremos, las cuales constituían no más que un bofetón á la revolución, que fueron rechazadas sin discutirlas; y desde entonces pudo comprenderse que el señor Agüero no era el hombre para la paz, pues comenzaba por ofender á sus amigos; pero se siguió tratando por la mucha confianza que en su lealtad y honradez se tenía.

BASES PROPUESTAS POR EL GOBIERNO

Tegucigalpa: 17 de febrero de 1893. -Recibido en Güinope, á las 6 p. m.

Señores Córdova, Agurcia y Fortín.

Con el deseo de concluir cuanto antes con los arreglos de paz, terminando así esta situación, que amenaza conducir al país á la ruina y al seguro naufragio, si aquellos que tienen en sus manos sus destinos no apelan á todo su patriotismo, abnegación y desinterés; convencidos de todo esto, hemos hecho aquí cuanto ha sido posible para facilitar un avenimiento pacífico.

Afortunadamente el Presidente Agüero no ha hecho ninguna dificultad, dando muestras de que posee las virtudes de un excelente ciudadano; y de acuerdo con él, hemos estudiado las bases propuestas por el señor Bonilla en la correspondencia al Doctor Gamero; y autorizado por el señor Presidente manifiesto á ustedes: que digan al Doctor Bonilla que se aceptan las condiciones estipuladas en la correspondencia referida, con ligeras modificaciones, más bien de forma que de fondo, y así:

El número 1.o se leerá: —El Gobierno se compromete á remover los empleados que fueren rechazados por la opinión pública, cuando las circunstancias lo permitan, y serán sustituidos por hombres de la confianza pública y del Gobierno.

El número 2. °: —Reconocerá el montepío de las viudas, huérfanos y personas que hayan quedado desvalidas por la muerte de aquellos de quienes dependían, por causa de la revolución.

3.o —Se reconocerán los perjuicios causados arbitrariamente á la propiedad, y se indemnizarán equitativamente los compromisos contraídos por la revolución.

4.o —Se convocará una Constituyente para hacer las reformas que convengan.

5.o —Solicitar la derogación de las leyes de imprenta, de orden público y sobre el derecho de reunión.

6.° —Excitar al señor Leiva para que, en cumplimiento de su oferta y en presencia de las graves circunstancias, envíe su renuncia.

En cuanto al número 5. ° de la correspondencia aludida, creemos que eso es más bien de política general, y no lo creemos necesario para el convenio de que se trata; pero no haremos hincapié en que no se estipule para lograr el fin que nos proponemos. En cuanto al número 8°, el Presidente, dando una muestra de desinterés y abnegación, desea no se consigne porque le implica muy directamente. Lo anterior será el fondo del convenio; la forma y los detalles se harán oportunamente. Tengo por un hecho que el señor Leiva enviará su renuncia al ser excitado para ello, de manera que ustedes, que conocen la verdadera situación á este respecto, deben esforzarse en que no sea un obstáculo infranqueable esta condición.

Yo conozco bien al Dr. Bonilla, conozco sus patrióticos, nobles y generosos sentimientos, y creo que esta vez no se quedará atrás de nuestro digno amigo Agüero.

Espero que cuanto antes me comuniquen el resultado. --Arias.

Los señores Arias y Dávila llevan instrucciones de ampliar las bases de arreglo propuestas por los Comisionados Fortín, Gamero, Córdova y Agurcia, en la forma siguiente:

1.° —Es condición precisa para tratar, que el señor Bonilla concentre inmediatamente las fuerzas que han salido de su campamento, á éste ó á otro lugar que de común acuerdo se señale.

2.° —Los jefes Sierra, Bonilla (Manuel) y Reina, podrán ocupar el mando político y militar de tres departamentos, á su elección, exceptuándose sólo el de Tegucigalpa.

3.o —El señor Bonilla podrá optar á un Ministerio, si lo cree conveniente, designándoselo el Presidente Agüero.

4.o —Excogitar el modo más equitativo y conveniente para el desarme y licenciamiento de la tropa, tanto del Gobierno como de la revolución.

BASES PROPUESTAS POR LA REVOLUCION

Juan Ángel Arias, Fausto Dávila y Antonio López, en representación del Gobierno, por una parte, y Policarpo Bonilla, Jefe de la Revolución, por otra, con el objeto de alcanzar la paz, convienen en lo siguiente:

1.° —El Gobierno reconoce la necesidad de llevar á feliz término la revolución iniciada, pero sin derramamiento de sangre; y para evitarlo se celebra el siguiente convenio.

2.°— El Gobierno excitará al señor General don Ponciano Leiva para que, en el más corto tiempo posible, sin exceder de un mes, envíe la renuncia de la Presidencia de la República, y se convocará inmediatamente al Congreso para su aceptación y para que convoque á elecciones dentro de un plazo racional.

3.° —El Gobierno reconocerá pensión de montepíos ó inválidos á favor de las personas que han quedado viudas, huérfanas ó desvalidas por la muerte ó inhabilitación de aquellos de quienes dependían, por causa de la Revolución, aunque haya pesado sobre ellos alguna sentencia, nivelándolos con los que hayan muerto en servicio del Gobierno, sin exceptuar los individuos de tropa.

4.° —El Gobierno reconocerá los perjuicios causados á la propiedad durante la administración pasada y la presente con persecuciones y procedimientos arbitrarios, otorgando las debidas indemnizaciones; y reconocerá y pagará asimismo los compromisos contraídos por la Revolución y los perjuicios causados por sus fuerzas, como si hubiese sido por las del Gobierno.

5.° —Se convocará una Constituyente para hacer á la Carta Fundamental las reformas que exige la opinión pública.

6°. —El Gobierno pedirá la derogación de las leyes de imprenta, de orden público y sobre el derecho de reunión, y la declaración de inconstitucionalidad de las disposiciones que tengan ese vicio.

7.° —Tanto las fuerzas de la Revolución como las del Gobierno deberán licenciarse, dejando solamente las guarniciones de ley, y en la capital trescientos hombres.

8.° —El término para llevar á efecto el licenciamiento de fuerzas, será de diez días, contados desde la fecha de ratificación del presente pacto, debiendo ser liquidadas y pagadas previamente por el Gobierno; y desde la fecha de aprobación del convenio, el Gobierno proveerá el sostenimiento de las fuerzas de la Revolución, á cuyo fin entregará á buena cuenta de la liquidación diez mil pesos.

9.° —Como garantía para la Revolución, el Gobierno dará el mando político y militar de los departamentos de El Paraíso, Choluteca, Comayagua, Olancho y puerto de Amapala á los jefes militares que el Doctor Bonilla designe, con carácter de inamovibles mientras no tome posesión el Presidente electo. Los empleados subalternos de nombramiento del Gobierno en dichos departamentos, serán nombrados á propuesta de los jefes departamentales.

10°. - Para el efecto de tomar el mando de estos departamentos, los expresados jefes marcharán al aprobarse el convenio, con sus fuerzas, para verificar el desarme, á las respectivas cabeceras, en donde depositarán las armas nacionales juntamente con las que allí existen en esta fecha, y que allí deberán quedar al licenciarse las fuerzas de cualquier clase que hay en todo el departamento, lo mismo que los demás elementos de guerra. Igualmente se procederá en el puerto de Amapala.

11.° -Las fuerzas de la Revolución pertenecientes al departamento de Tegucigalpa, después de liquidadas por el Gobierno, serán licenciadas por el Doctor Bonilla en la capital, dentro de diez días de la ratificación de este pacto, quedando desde dicha fecha á las órdenes del Presidente de la República. Las armas que no sean nacionales tendrán derecho á conservarlas en su poder sus respectivos dueños.

12.°- El Gobierno conviene asimismo en proveer los destinos políticos y militares del país con personas que por sus cualidades de honradez y aptitudes merezcan la confianza pública, dando la preferencia á miembros del Partido Liberal.

13.°- El Gobierno permite la más amplia libertad del sufragio para elección de Presidente y cualquiera otra, asegura á los ciudadanos el goce completo de las garantías individuales, el debido respeto á la Constitución y á las leyes, abre las puertas de la patria á todos los emigrados políticos y concederá indulto general á todos los desertores ó reos de delito militar, ó que estuvieren sufriendo condena por cualquier delito político.

14.°- El Gobierno reconoce los grados con que figuran en la Revolución los militares al servicio de ella, y ascensos conferidos por servicios prestados á la misma; y, en consecuencia, extenderá los correspondientes despachos.

15.°- El presente convenio se firma por duplicado, y deberá ser aprobado por el Gobierno dentro de tres días; y debiendo el Jefe de la Revolución ponerlo en conocimiento de los jefes militares que están á su servicio, deberá franqueársele el telégrafo para comunicarse con ellos. El Doctor Bonilla lo ratificará al llenarse este requisito, no pudiendo exceder el término de ocho días.

NUMERO 4

Tatumbla: 4 de marzo de 1893

BAJO EL FUEGO DEL CAÑON

Ayer á las 6 a. m. el enemigo, con dos piezas de artillería y una ametralladora y mil á mil quinientos hombres, según los diferentes cálculos, bajo las órdenes del General en Jefe Vásquez, de los Generales Villela (Belisario y Alfonso), Zelaya Vijil y López (Guadalupe), rompió el fuego de cañón sobre el pueblo, ocupado por la vanguardia, al mando del General Sierra, y sobre la altura inmediata ocupada por la retaguardia, al mando del General Reina y del Jefe del Estado Mayor, General Archer. En este último punto se encuentra el Doctor Bonilla con el mando de todas las fuerzas.

En todo el día de ayer, hasta las 6 p. m., disparó el enemigo 77 cañonazos, con bombas y bala rasa. La primera de las bombas mató al joven Gonzalo Midence, sobrino por cierto del General Vásquez y pariente del Licenciado Agüero y del Doctor Bonilla. La segunda bomba hirió al Subteniente Marcelo Aguilar, y la tercera dió de lleno en el pecho al Subteniente Antonio Lagos. Después de eso, todos los tiros de cañón han sido completamente perdidos, porque se han tomado precauciones aconsejadas por la prudencia, descuidadas en absoluto por las víctimas. Varias trincheras fueron destrozadas en ambas posiciones, aunque en las ocupadas por la retaguardia ningún daño personal se ha sufrido.

Fué herido también, por bala de rife, en el pueblo, el Teniente Manuel Díaz.

Las pérdidas del enemigo deben ser considerables, aunque no pueden determinarse los muertos y los heridos por la larga distancia á que se encuentra colocado. Pero si se puede asegurar que muchos tiros se han acertado.

Terminó el día de ayer sin ocurrir otra novedad. Por la noche el General Sierra mandó una escuadra al mando del Capitán Antonio Lara, y á sus órdenes los oficiales Tulio Cubero y Florentín Melara, con el objeto de sorprender al enemigo en su propio campamento, objeto que se logró, pues nuestra pequeña fuerza llegó hasta pocas varas de distancia, é hizo tres descargas sobre el enemigo antes que la sorpresa le permitiera contestarlas. Se empeñó un combate encarnizado por ambas partes, retirándose nuestra escuadra según órdenes recibidas de antemano, aunque el combate continuó por algún tiempo entre nuestros mismos adversarios. No es posible determinar el daño recibido por el enemigo. Por nuestra parte sólo fué herido el oficial Melara. Hoy á las 6 p. m. disparó el enemigo los dos primeros cañonazos, y hasta esta hora, que son los 10 y 15 minutos a. m., ha arrojado 33 granadas sobre nuestras varias posiciones, aunque sin causar daño alguno personal. Hasta este momento ha disparado 110 cañonazos.

En la orden general de hoy se manda tomar en cuenta la conducta de los oficiales que se han distinguido en ambas acciones, y conferirles un ascenso.

El entusiasmo del Ejército Liberal aumenta á cada momento, y parece formado por todo el propósito de perecer hasta el último antes que perder esta batalla, que es decisiva para las pretensiones del General en Jefe del enemigo, aunque no lo sea en cuanto á la revolución.

El Boletín anterior fué impreso bajo el fuego de metralla del enemigo, y escribimos estas líneas cayendo los cascos de granada á nuestros pies. Tómenlo en cuenta nuestros adversarios, para que se convenzan de que no es posible vencer á una revolución que cuenta con hombres que de tal manera desprecian los peligros.

Tenemos la convicción de que un hombre honrado no puede dejar de serlo de un día á otro, por más que para engañarlo mejor se haga nacer en él desmesurada ambición. Por lo mismo estamos convencidos de que cada cañonazo, cuyo eco llega á Tegucigalpa, repercute en el corazón del Licenciado don Rosendo Agüero, haciéndole el efecto de un dardo emponzoñado que se clavase en su pecho. Estamos seguros de que al oir su estruendo pensará que una nueva víctima se sacrifica por lo menos á su debilidad criminal. Creerá escuchar el ¡ay! de los moribundos y las maldiciones que tantas madres, tantos huérfanos y todo un pueblo le reservan para mañana.

Compadecemos á ese hombre, que así deja manchar su nombre, antes tan limpio. Más triste es su situación, por el porvenir que le espera, que la de cualquiera de nosotros que sucumba herido por una bala de las que manda ó permite arrojar contra los que han sido sus mejores amigos. Tal vez al escribir estas líneas estamos para desaparecer del mundo de los vivos. Si así sucede, que lleguen hasta él y todos sus cómplices estas nuestras últimas palabras como legado de ignominia.

Ojalá que á última hora penetre en la conciencia de quien nominalmente ejerce el poder, la convicción del gran crimen que comete. del triste papel que desempeña, y poniendo remedio al mal, ponga término á esta guerra, que él mismo ha calificado de insensata, y que lo es en verdad por su parte.

El Doctor Bonilla tiene la conciencia tranquila. En estos momentos juega su vida á la par del último de sus soldados; y eso no puede hacerlo impulsado por ambición innoble. Seguimos publicando documentos que justifican su conducta, y prueban hasta la evidencia que Agüero está ametrallando á las fuerzas que estaban destinadas á salvar al país de un régimen de insolente militarismo, de cruel tiranía como no se ha visto en Honduras, de una era de venganzas y exterminio, cuyas víctimas serán también los mismos que antes han sido nuestros verdugos; y al Gobierno del señor Agüero, si hubiese querido hacer un Gobierno de leyes, de un golpe de cuartel semejante al que el Partido Liberal frustró el 8 de noviembre de 1890.

DOCUMENTOS JUSTIFICATIVOS

Güinope: 14 de febrero de 1893.

Sr. Licenciado don Rosendo Agüero. —Tegucigalpa.

Mi muy estimado amigo:

Con placer he visto su apreciable de II del presente. Reconozco en sus conceptos al hombre que en lo público y privado ha merecido todo mi aprecio, en cuyo patriotismo he tenido siempre absoluta confianza; y esto es un gran consuelo en una época que alcanzamos, en que las virtudes cívicas tanto escasean en los que mandan.

Ud. conoce mi correspondencia con el Doctor Gamero, que era también para Ud. Conozco yo también sus respuestas al señor Torres, quien le escribió bajo mi inspiración. Eso debe bastar á los dos para saber que estamos de acuerdo, que apreciamos de igual modo la situación, y que, conociendo el mal, no discordaremos para aplicar el remedio.

Pero yo sé cuánto costó al señor Leiva dar el primer paso de satisfacción á la opinión pública, y temo con razón que no cumpla su promesa de renuncia; y no haciéndolo antes de disolver el Congreso, es decir, inmediatamente, nada se ha conseguido en favor de la paz, aunque la revolución habría de triunfar con poca resistencia ya, después de tal engaño. Pero urge el arreglo de la paz, porque, además de los muchos peligros interiores, los hay de fuera, algunos que Ud. conozca menos á fondo que yo; y por todas esas razones creo que debe exigirse al señor Leiva su inmediata renuncia, y convenir de antemano lo que debe hacerse si se niega, para lo cual, con placer, me entenderé con sus Comisionados.

En el acto de llegar aquí á preparar el establecimiento de mi campamento, en unión del General Sierra, he mandado restablecer la comunicación telegráfica con esa ciudad y con Yuscarán. La primera lo está ya. La segunda no, porque se cree que el telegrafista de allá no está en la oficina; pero ya el General Villela debe saber que estoy aquí y mi propósito de abrir la comunicación, y espero lo estará pronto.

En estos momentos me dirijo á la oficina á ponerme en relación con Ud.

Doy á Ud. las gracias por las atenciones que Ud. ha tenido con mi madre.

Deseo se conserve bien, y mande á su afectísimo.
P. Bonilla.

P.S. —Creo que Ud. estará de acuerdo en que, dada la situación, en vez de detener, conviene dar impulso al movimiento revolucionario, para que conocida su fuerza se contengan ciertos proyectos.

Güinope: 15 de febrero de 1893.

Señor Presidente Licenciado don Rosendo Agüero.
Tegucigalpa.
Estimado amigo:
Por considerarlo de mucha gravedad, transcribo á Ud. el siguiente telegrama y su contestación, que considero auténtico por muchas razones, principalmente la fuente de que lo he obtenido. Dice así: "Febrero 13. Señor don Luis Bográn. —Santa Bárbara—. En presencia de lo ocurrido en Juticalpa y de la actitud adversa de otros pueblos, es necesario que Ud. entre de lleno y mande cuanto antes reclutar toda la gente que pueda en los departamentos de Santa Bárbara, Intibucá y Santa Rosa. El cuartel de Intibucá está amenazado por Miguel Padilla, lo mismo que otras plazas del Norte, como Puerto Cortés, La Ceiba, Trujillo, etc. No hay que perder un instante, pues si no activamos, tendremos que salir del país. Confiamos en Ud. —R. A. Manzano. —P. Planas.

Santa Bárbara, febrero 14 de 1893.
Señores R. A. M. y P. P. Tegucigalpa.
—Entendido del telegrama de Uds. Mientras tanto es necesario entablar negociaciones para ganar tiempo. Estoy tomando medidas, y ya verán lo que puede su afectísimo. —Luis Bográn.

Imposible es que Ud. conozca estos documentos, pero entonces el telégrafo está dé cuenta de Bográn y no del Gobierno, y la traición está cerca de Ud. No necesitan comentarios. Su gravedad en estos momentos Ud. la comprenderá. —Su amigo verdadero. —P. Bonilla.

SUELTOS

Orden General para el cuatro de marzo de mil ochocientos noventa y tres, en Tatumbla. Servicio el ordenado. Jefe de día para hoy el señor Coronel don Próspero Padilla Romero, y para mañana el que se nombre. Siendo digna de encomio la conducta de los oficiales que en la anterior acción y en ésta se han distinguido como verdaderos valientes, entre tantos como cuenta el Ejército Libertador, embistiendo al enemigo con un arrojo digno de ejemplo: y siendo un deber de los jefes principales premiar las acciones distinguidas, por tanto: mediante el informe de los jefes respectivos, se confiere bajo los fuegos del enemigo un ascenso á los oficiales de que resulte comprobada dicha conducta; de los cuales en la próxima orden se expresarán los nombres y grados. Comuníquese. —Bonilla—. Cúmplasela General que antecede. —Comuníquese. —Reina.

NÚMERO 5

Tatumbla: 7 de marzo de 1893

DOCUMENTOS JUSTIFICATIVOS

Las cartas y telegramas que publicamos á continuación demuestran hasta la evidencia que el Jefe del Partido Liberal, Doctor Bonilla, se ha mantenido dentro de los compromisos contraídos en la correspondencia que ha sido publicada en Managua; y aun ha cedido más de lo que ofreció: que ha sido burlada su confianza en el señor Agüero, y cualquiera que sea el resultado de la guerra, él será responsable por la sangre que se derrama tan sólo por satisfacer la ambición y desmesurado orgullo del General Vásquez, que pretende sobreponerse á todo un país para tiranizarlo como nunca lo ha sido, haciendo infructuosa la lucha que durante varios años, á costa de numerosos sacrificios, ha venido sosteniendo el Partido Liberal.

Güinope: 16 de febrero de 1893.
Sr. Licenciado don Rosendo Agüero. -Tegucigalpa.

Mi muy estimado amigo:
Contesto á Ud. su apreciable de 13 del presente bajo la penosa impresión de que pronto se romperán las hostilidades entre las fuerzas liberales y las que Ud. comanda, á pesar de estar destinadas á

combatir á los enemigos de la Patria. Mis esfuerzos por evitarlo habrán sido infructuosos, y la sangre de hermanos, y puedo decir, según he creído, hasta de correligionarios, se derramará á torrentes, porque ya sabe Ud. que los liberales, si son amantes de la paz, cuando se convencen de que es imposible, luchan hasta perecer el último. Y yo en esta vez tendré como aumento de pena una cruel decepción del hombre que ha merecido mi absoluta confianza, mi completa estimación, por más que tanto abuso de mi buena fe me haya hecho desconfiar de la generalidad.

Creo conocer su situación, y no le inculpo por las bases de arreglo verdaderamente ofensivas que en su nombre me han mostrado los Comisionados, que son las mismas condiciones que Leiva creyó tener derecho á imponernos cuando fuimos capturados por el General Vásquez, y expatriados, y sin embargo las rechazamos indignados. ¿Cómo podríamos aceptarlas hoy que nos damos garantías con nuestros rifles y nos apoyamos en el pueblo hondureño, que en todas partes se levanta á nuestro paso? ¿Por qué no dejar libre corriente á ese movimiento que ha de regenerar á Honduras, cuando Ud., que es el Presidente, lo ha declarado justo y santo, patriótico, y todos y cada uno de los que se aprestan á la lucha ponen en Ud. su confianza? ¿Por qué su proclama difiere tan sustancialmente de su alocución, y mucho más de sus cartas y telegramas hasta del último día? Nadie creería que eso está escrito por la misma mano; y si no hubiera reconocido su propia letra en las bases, nunca habría creído que habían pasado por su vista, probando que tan poca estimación le merecemos hombres á quienes antes ha mostrado tanto aprecio.

Perdone mi lenguaje. Tal vez sea injusto, y mañana ó esta noche Ud. me lo habrá probado. Mas si no puede hacerlo, salve su nombre, y no acepte la responsabilidad de la sangre, responsabilidad de que Leiva huyó, privado ó no del uso de su razón. Mi lenguaje mismo le probará mi sinceridad respecto á Ud.; y si ésta y otras muchas pruebas no bastan, la actitud de mis amigos de Guatemala y de todas partes, que Ud. me comunica, indica á Ud. que donde quiera está Ud. presentado como el hombre deseado para salvar la situación aflictiva de la Patria. Para su inteligencia, le digo que en estos momentos, en todo Centro América, que durante mi peregrinación he recorrido, se cree á la revolución triunfante, según las declaraciones que á Gobiernos como á opositores he hecho tratándose de Ud. en particular. ¿Cuál sería, pues, el efecto que produjera la continuación de la guerra, á pesar de ser Ud. el Presidente, y la publicación de todos los antecedentes que justificarán mi conducta?

Suplícole encarecidamente que obtenga su libertad de acción, exponiendo su vida si es preciso para salvar su honra, ó viniendo á colocarse entre sus verdaderos amigos, que harán por Ud. lo que hicieron por un enemigo, por Luis Bográn, el 8 de noviembre. Tiene á su lado personas que le acompañarán y á todo el pueblo de la capital, que también sabe hacer su deber.

Salvemos á Honduras, señor, pero sea por ese medio, que es el único que resta, dadas las circunstancias. Yo no puedo creer en una deslealtad de Ud., y por eso le mandé copiado el telegrama de Alvarado Manzano y Ponciano Planas para Bográn, y la respuesta de éste, insertos en mi carta del 15, de que enviole copia. El engaño de que en él se habla está corroborado por muchos otros antecedentes, entre otros el haber dicho Ramón Rosa en la noche del 14 á Vásquez: que para salvar la situación era preciso engañarnos con negociaciones, mientras reunía 1.500 á 2.000 hombres, para mandarlos contra mí, capturarme y fusilarme, y á la vez entretener á Manuel Bonilla en Olancho, de lo cual él se encargaba. Y que esa conversación es cierta, lo prueba el haber venido Leandro Calderón con carta de Rosa para Sierra, prometiéndole entenderse con Vásquez (prescindiendo en absoluto de Ud. y de mí), y el recado que el mismo Calderón le trajo á Sierra de Vásquez, proponiéndole entenderse los dos, y que mandarían juntos. Este espía está preso, y á pesar de su grave delito de tratar de corromper á un jefe nuestro, se le trata con toda consideración. Pero Ud. verá que esto indica la más completa mala fe de parte de Vásquez, y no es por cierto Ud., como Presidente, ni el país quienes ganarán. Tenía yo razón, pues, cuando decía á Gamero que la presencia de Vásquez cerca del nuevo Gobierno imposibilitaría todo avenimiento. Además, el Mando en Jefe de Vásquez es la guerra con Nicaragua y quizá centroamericana. ¿Por qué á un hombre ha de sacrificarse todo un país?

Espero por telégrafo una respuesta, que creo podré recibir todavía aquí, que me indique que Ud. consiente en la entrevista conmigo, de que me prometo completo éxito, si Ud. viene sin Vásquez ni Garfias, etc. Creo que sólo puede confiar en Arias y Dávila de los que tiene cerca. Su verdadero amigo. —P. Bonilla.

CONTINÚA LA BATALLA

En el Boletín anterior dimos cuenta de la batalla hasta las I0 y 15 minutos a. m. del día 4. Continuó el cañoneo durante todo el día, habiéndose arrojado 41 bombas sobre ambas posiciones, causando una, en la trinchera de La Crucita, la muerte de Ciriaco Aguilar, del valle del Copal, Choluteca.

Durante el día 5 sólo arrojó el enemigo cinco bombas, de las cuales una rompió la pierna al anciano Enrique Flores, de Apacilagua, haciendo necesaria la amputación del pie, operación practicada con éxito feliz por los Doctores Baires y Cáceres. Flores no estaba de alta: había venido sólo con el objeto de visitar á un hijo que está al servicio de la revolución. Dignos de mencionarse son el valor y sangre fría que ha demostrado este herido desde el primer momento y durante la operación, no oyéndosele más que, de tiempo en tiempo, imprecaciones contra los enemigos de su patria y declaraciones de satisfacción por estar sufriendo á causa de su entusiasmo por la revolución. Al ver al Doctor Bonilla, exclamó: "Doctor, me han sacrificado esos pillos; pero confío en que, si triunfamos, la Nación será agradecida y me mantendrá, ya que he quedado impotente". El Doctor Bonilla se lo prometió así, ofreciéndole, además, al llegar tal caso, mandarle poner un pie artificial.

El día 6 lanzó el enemigo 8 proyectiles contra ambas posiciones, sin causar daño alguno personal. Por la noche se combinó un ataque por el frente, flanco derecho y retaguardia de un destacamento enemigo que llegó por sobre la montaña de Azacualpa y tomó posiciones en el valle de la misma, al Sur de las nuestras. El General Sierra mandó 15 hombres á atacar el frente; pero por desgracia no pudo llegar á tiempo la fuerza destacada de la retaguardia, que era la que debía empeñar el verdadero combate. Hubo una confusión por la oscuridad de la noche, y se dirigieron unos tiros dos de nuestros pelotones, y el asalto por sorpresa se frustró. La pequeña fuerza del General Sierra, compuesta de 15 hombres, en su mayor parte oficiales, dominada por el número, se vió obligada á retirarse, á pesar de combatir con la bravura de costumbre. Tuvimos que lamentar la pérdida del valiente oficial Tosé María Medina, de quien no se sabe si fué muerto ó prisionero, y se recogieron dos heridos, que son Juan Bautista Montalván, del Corpus, y Bibián Martínez, de Reitoca.

El día de hoy á las q a. m. se tuvo noticia de que una fuerza enemiga que había bajado ayer por la falda del cerro de Uyuca, estaba atrincherada á corta distancia de nuestras posiciones exteriores, como para cortarnos los caminos hacia el Oriente, pues todo indica que tenía el enemigo la pretensión de asediarnos. El General Reina destacó con 20 hombres al Coronel Manuel I. Rosa en exploración; y al encontrarse con el enemigo lo atacó resueltamente. Al oír el tiroteo, el General Reina destacó 30 hombres más para protegerlo. Dióse entonces al enemigo una vigorosa carga, que no pudo resistir, y abandonó sus atrincheramientos. Perseguido de cerca, se puso pronto en precipitada fuga en distintas direcciones, tomando 30 hombres al mando del jefe del destacamento, General Félix Molina, por el camino sobre la altura de la montaña. Una pequeña parte de esa fuerza enemiga pretendió hacerse fuerte en unas trincheras construidas por el Ejército Liberal en el llano de El Rodeo, que tenía abandonadas. Fué desalojado también de allí; pero en esos momentos el Coronel Rosa recibió aviso de haber bajado un refuerzo al enemigo, y suspendió la persecución; tocó llamada á su tropa, con la cual, ya reconcentrada, cargó á este nuevo enemigo y lo derrotó con poca dificultad. A1 oír este segundo tiroteo, el General Reina destacó al Coronel don Carlos Tirón con Ir soldados para apoyarlo. Durante las tres horas de combate, el cañón enemigo estuvo vomitando metralla, aun á riesgo de herir á sus propias fuerzas, al ver que éstas se dejaban batir. Una bomba estalló bajo el caballo del ayudante del Mando en Jefe, Miguel Moncada, causándole inmediatamente la muerte, y quedando el jinete golpeado por la caída. El ayudante venía de comunicar órdenes al Coronel Rosa.

La fuerza enemiga derrotada se calcula en 200 hombres; fuerza escogida, pues el refuerzo que llegó lo formaba una compañía del batallón Guardia de Honor, de soldados de Intibucá, cuyo Capitán era José María Domínguez, y el jefe del destacamento el Teniente-Coronel Francisco Murillo Medina, tránsfuga de la revolución, que se distinguió por haber sido el primero en emprender la fuga á la cabeza de la tropa. La otra compañía era compuesta de gentes de distintas procedencias; teniendo el pesar de saber que en sus filas se encontraban varios comayagüelas, uno de los cuales, Domingo Méndez, murió en la trinchera enemiga.

Las pérdidas del enemigo, reconocidas hasta el momento, son y muertos, un herido, el esforzado Capitán Domínguez, que se ha traído á curar con esmero á nuestro campamento. Por nuestra parte tenemos que lamentar la muerte de los soldados Crescencio Valladares, de

Güinope, Antonio Funes (a) Pato, de Yuscarán, y Miguel Ramírez, de Tegucigalpa. Todos pelearon con bravura y cayeron á veinte pasos de la trinchera del enemigo. No hubo ningún herido.

Hacemos esta relación por lo que nos consta de vista y datos recogidos en los momentos del combate. Después publicaremos el parte oficial y rasgos de valor personal y otros detalles que demuestran el patriotismo que anima á nuestras fuerzas, y que habrían honrado á los antiguos espartanos.

NÚMERO 6

Tatumbla: 13 de marzo de 1893

Continuamos la publicación de las cartas y telegramas más importantes que el Doctor Bonilla ha dirigido al señor Agüero. Después se publicarán las comunicaciones de éste, que completarán la demostración de que toda la culpabilidad por la mucha sangre que ya se ha derramado y se sigue derramando recae sobre él exclusivamente.

DOCUMENTOS JUSTIFICATIVOS

Por telégrafo de Güinope: 17 de febrero de 1893.

Señor Presidente, Licenciado don Rosendo Agüero.
Tegucigalpa.

En vista de un telegrama del General Vásquez para don Leandro Calderón, creo deber hablarle ya á Ud. con entera claridad. Creo que dicho General es el obstáculo para las negociaciones, porque procede con absoluta mala fe. Calderón vino enviado por él pretendiendo traer comisión de Ud. No se lo creí y le exigí por lo menos telegrama suyo. Él se dirigió á Vásquez, cuya contestación confirma mi creencia. La misión verdadera de Calderón fué entregar al General Sierra una carta del Doctor Rosa, proponiéndole entenderse personalmente con Vásquez, sin mencionar á Ud. ni á mí. Sierra, como leal, me mostró la carta, agregando que Calderón le trajo el recado verbal de parte de Vásquez de ponerse de acuerdo con él, y entonces mandarían juntos. Calderón ha reconocido que su conducta merecía la muerte, porque vería à tratar de corromper à uno de nuestros jefes; y sin embargo, está detenido en nuestro propio alojamiento, come en mi mesa y se le trata con toda consideración. Así ha comprometido Vásquez el nombre de Ud. en los momentos en que sus Comisionados trataban conmigo de arreglar la paz. Muchos otros antecedentes hay que he comunicado á Ud. si bien temo que la correspondencia haya sido interceptada. El mismo Vásquez en su dicho telegrama afirma que sus Comisionados están aquí sólo conversando. Acaba de llegar el Doctor Gamero. En seguida hablaré con él; pero no olvide que las dificultades que ocasiona Vásquez estaban previstas en la correspondencia para el Doctor; y reconocerá que tenemos razón en no confiar. Inspírenos confianza su Gobierno, y la paz está hecha. Si Ud. manda allí, le llegará este telegrama.

P. Bonilla

Güinope: 20 de febrero de 1893.
Señor Lic. don Rosendo Agüero. —Tegucigalpa.

Me refiero á su apreciable fechada el 17 del presente. Como le dije por telégrafo, he sentido no ver en ella las explicaciones esperadas con tanta ansia. Sólo sí encuentro la autenticidad de los telegramas entre Alvarado Manzano, P. Planas y Luis Bográn, que indican: ó que Ud. está traicionado, puesto que me ha señalado como un peligro el bogranismo, ó que hay verdadera liga con éste. Ante ese dilema, una explicación era absolutamente necesaria. Mas no obstante su silencio, es tal mi confianza en su integridad, que lo atribuyo á las causas anteriormente expuestas.

Ojalá que el medio de solución que le llevan los señores Agurcia y Fortín sea posible, pues entonces en nuestra entrevista llegaremos de seguro al arreglo concreto; y espero la tendremos, aunque haga un sacrificio por causa del malestar de su salud.

Hoy se ha interrumpido de nuevo el telégrafo y he mandado al celador hasta El Valle. ¡Ojalá de allí se haya tomado mayor interés, para que hoy esté restablecida la comunicación!

Contesté su telegrama referente á Uclés. Lo que en él le digo es cierto; y si no se ha mandado una comisión á Cantarranas, donde podía haber dado fruto, es por saber que un hijo suyo estaba encargado del poder y que allí tiene su familia Ud., no obstante, mi seguridad de que ningún mal se les causaría.

Estoy informado, y debe ser cierto, por referirse á hechos públicos, de que allí impera el régimen del terror: que se destrenza á las mujeres y se las pasea por las calles, y hasta se las exhibe desnudas en el interior de su prisión: que hay muchos hombres, mujeres y niños en la Penitenciaría; y todos estos excesos cometidos en nombre de Ud., incapaz de concebirlos y de tolerarlos, me confirman en la idea de que carece de poder para impedirlos; pero me infunden desaliento sobre la posibilidad del arreglo de paz aun convenido con Ud.

Tales excesos demuestran una saña incompatible con sentimientos conciliadores. Me horrorizan más que la sangre de los combates; y si contra ese salvajismo de 9 años hemos venido luchando, muy lejos podemos estar de querer entronizarlo de nuevo. Ud. tampoco, ¿verdad?

Concluyamos pronto, señor, que ya se me acusa de debilidad, y no puedo prolongar más esta inacción. También la prensa de no sé quién, EL NOVENTA Y TRES, me ataca; y como á Ud. consta que es con injustica, sírvase ordenar la rectificación oficial. —Su afectísimo. —P. Bonilla.

EL FIN DE LA BATALLA.

Creemos que hoy terminará la gran batalla que ha de decidir de la suerte de la Patria, porque parece que el enemigo ha resuelto tomar por asalto nuestras posiciones. Al finalizar este articulo referiremos los incidentes, y tal vez el resultado de este combate, que creemos, fundadamente, atendido el espíritu que anima á nuestra tropa, será favorable á la causa de la redención de Honduras. Mientras ese resultado llega, daremos cuenta de lo ocurrido durante los días 8, 9, 10 y 11 del corriente.

En el número anterior nos olvidamos de hacer constar que el día 7 arrojó el enemigo contra nosotros 29 bombas, sin causar ningún daño personal.

El día 8 el enemigo lanzó sólo un proyectil en el día y tres por la noche, que consideramos señales para ordenar el movimiento que los combates del día obligaron á hacer á nuestros adversarios.

Para que se comprendan mejor las operaciones de este día, daremos algunos antecedentes.

Cuando el General Sierra salió de El Corpus, quedó al mando de la guarnición de aquella plaza el General don Estanislao Tomé, para tener en jaque á la fuerza de Choluteca, que constaba de 400 hombres y custodiaba doscientos rifles en almacén. El General Tomé durante su permanencia en El Corpus adquirió más elementos y se fortaleció; pero reducida la guarnición á doscientos hombres por la deserción, resolvió el enemigo dejar sólo las armas en mano y llevar á Amapala las demás. No era ya la plaza de Choluteca una plaza apetecible, y se ordenó al General Tomé replegarse con sus fuerzas á las que tiene á sus órdenes en este pueblo el Doctor Bonilla. En El Corpus se incorporaron á Tomé los Generales Gutiérrez y Dávila, y el Coronel don Miguel O. Bustillo, procedentes de Guatemala, vía Nicaragua, protestando con su presencia en el seno de la revolución contra la suposición de que la desaprobaban, sin más razón que el haberse equivocado del mismo modo que el Doctor Bonilla al juzgar al señor Agüero y su presencia en el Gobierno.

En el distrito de Goascorán los señores Coroneles Miguel Padilla, Sinforiano Bonilla, Pedro H. Bonilla y Román Pineda, y en Caridad el Teniente-Coronel don Ricardo Maldonado, organizaron una columna respetable, que comenzó sus operaciones con un importante hecho de armas: el sitio por trece horas de la plaza de San Antonio del Norte, al mando del Jefe de distrito, Agapito Castro, quien se rindió con 32 armas y unos miles de cartuchos. Carecemos de más detalles, que después daremos. Esta fuerza se reunió con el General Tomé en el Cerro de Hule, cumpliendo ordenes superiores; y ya reunidas se dirigieron á este campamento, llegando á la montaña de Azacualpa, frente al mismo, el 8 á las 8 a. m. y distante de él como á cuatro millas.

Con la llegada de la fuerza de Tomé, la que el General Villela tenía en el Valle quedaba colocada entre dos fuegos, y por lo mismo en muy falsa posición. Lo comprendió así, y destacó una fuerza al encuentro de la muestra sobre la montaña; pero antes de llegar le salió fuerza nuestra al mando del Coronel Padilla, estableciéndose un tiroteo que duró desde las 11 a. m. hasta las 6 p. m., hora en que el enemigo, á pesar del refuerzo que recibió, á virtud de una vigorosa carga de nuestra fuerza, y perseguido de cerca por ella, descendió en Precipitada fuga hasta el campamento del General Villela, dejando algunos rifles y cartuchos en nuestro Poder. Desgraciadamente este triunfo costó caro á la revolución, pues en ese encuentro, á la primera descarga perdió la vida el denodado Coronel Padilla, militar de grandes méritos y una de las principales columnas del Partido Liberal.

Fueron heridos Nieves Cruz y Norberto Mejía. Cuando Villela mandó á hacer ese ataque, el General Reina destacó al Coronel Rosa para desalojar al enemigo de una fuerte posición que ocupaba sobre el camino de la Cruz del Arco, donde estaba atrincherado. Después de tres horas de combate y aprovechando la oscuridad de la noche, el enemigo huyó dejando un muerto y algunos rifles. Concurrió á este triunfo una avanzada de doce hombres que envió en apoyo de Rosa el General Tomé. Por nuestra parte no hubo ningún muerto en este encuentro, pero fueron heridos el Teniente Donaciano Laínez, de Danlí; Ángel María Valladares, de Langue; Anselmo Díaz, de Reitoca; Rosalio Sánchez y Juan Mata García, de Curarén, y Lucas Oliva, de La Venta.

Practicadas las operaciones, la fuerza de Villela, que tenía las pretensiones de cerrar el asedio, quedó encerada en un valle, con todas las alturas dominadas por nuestro ejército. Si éste, por el cansancio ocasionado por un día de constante marcha y combate, no hubiese quedado sin aptitud de seguir la lucha, fácil habría sido batir completamente al enemigo. Pero ese obstáculo dió lugar al General Villela para abandonar en precipitada fuga el campo por la noche, dejando la bandera, provisiones, armas, cartuchos, bestias y otros objetos; y los soldados, por el camino, hasta los caites, y perdiendo mucha gente que se desbandó en varias direcciones, mientras, con un rodeo de unas tres leguas, logró replegarse al cuerpo principal del ejército enemigo.

Con la fuga de Villela quedaron libres nuestras comunicaciones con el valle y la montaña, de donde obtenemos nuestras provisiones. Por tal motivo, y mientras los dos cuerpos de nuestro ejército se ponían en comunicación para combinar, por entonces, el plan de defensa, los días 9 y ro fueron de completa calma, excepto el disparo de un cañonazo el 9 y 3 el 10, y algunos de rifle cambiados á distancia de 800 á 1.000 varas: pero después del mediodía del r0, el enemigo ocupó posiciones sobre nuestro flanco derecho, sin poder averiguar en ese día el número de su fuerza, ni atacarlo, porque la del General Tomé necesitaba reorganizarse.

SUELTOS

El Doctor don Juan Ángel Arios, Ministro de Gobernación, fué conducido escoltado á la cárcel en Tegucigalpa porque reconvino al redactor de un periódico oficial por su paralelo entre José María Barahona y Policarpo Bonilla. El Ministro Dávila reclamó al llamado Presidente Agüero por esa prisión, y contestó: «Ciertamente esto nunca se ha visto: es orden del General Vásquez: le pondré un correo pidiéndole lo mande poner en libertad. Esto no necesita comentarios, y es el mejor justificativo de la revolución, que está reivindicando la honra nacional contra un hombre que quiere someter á todo un país á su capricho.

José María Medina. - Este valiente joven, cuyo destino ignorábamos, fué apaleado cruelmente y fusilado por orden del General don Belisario Villela, que con la rabia de su derrota no encontró medio más digno para vengarse al levantar el campo dominado por nuestras fuerzas. Bien se conoce que se ha puesto á discreción de su nuevo amo, que sólo respira sangre. Para que ese hombre sea mejor conocido publicaremos su correspondencia epistolar y telegráfica con varios jefes de la revolución.

NÚMERO 7

Tatumbla: 15 de marzo de 1893

ESCÁNDALO

No merece otro calificativo la conducta del Licenciado don Rosendo Agüero para con su Ministro de Gobernación, Doctor don Juan Ángel Arias. Verdad es que puede también calificarse de estupidez, porque sólo mientras Agüero conservaba á su lado á los Ministros Arias y Dávila, podía engañar en el exterior y adormecer el patriotismo de muchos liberales con la esperanza de que se llegase á un avenimiento, y Agüero dejase de ser el maniquí de Vásquez. Nuestros lectores conocerán ese escándalo en toda su fealdad, por la proclama del señor Arias, á que cedemos el lugar preferente.

Hondureños:

Los momentos que atraviesa nuestra desgraciada patria son solemnes: la hora de prueba ha llegado.

A la patria le debemos todo: por su redención démoselo todo.

Nuestras vidas, nuestros intereses, en cambio de su honra y dignidad, no vacilemos: que sean para ella.

Ofuscado por la reputación sobre arena de Rosendo Agüero; creyendo en su mentida honradez, desconociendo su criminal y nunca imaginable hipocresía ó infelicidad de carácter, acepté por sus ruegos el Ministerio de Gobernación en el Gobierno que organizara después del depósito del señor Leiva.

"La paz será mi misión y mi único objetivo", me dijo Rosendo Agüero. "Y para esto le suplico su cooperación. Antes dejaré el poder que hacer un tiro á Bonilla y los liberales".

Con esta impresión y para la paz, y solamente para la paz, acepté el Ministerio.

¡Burla infernal! Agüero, el menguado de Cantarranas, estaba vendido incondicionalmente al General Domingo Vásquez.

Desesperado por su oscura existencia de pueblo, respondió como debía al llamamiento del funesto aventurero que se llama Domingo Vásquez.

Desde ese momento abdicó por Vásquez su decoro y defensa personal, y entregó á él y sacrificó á sus bastardas ambiciones todo cuanto podía haber de noble en su vulgaridad lugareña.

Todo lo da en cambio del mendrugo del presupuesto.

Nada le detiene: es Vásquez si después de servirle de infeliz instrumento puede mejorarle su antes desgraciada vida.

Y así, poco le importa los que, engañados por él, son sacrificados por la bestia feroz de Domingo Vásquez.

Siendo aún Ministro del desgraciado Agüero; sin que tuviera una sombra que enrostrarme, sino es la de haberle manifestado que no podía continuar á su lado después de defraudadas mis esperanzas; después de ver que el hombre de Cantarranas no era el que una porción del pueblo hondureño se prometía para su salvación, sino el maniquí más despreciable del absurdo despotismo, consintió en que Vásquez por una coquetería de déspota me llevara á la cárcel. Allí permanecí sin que él en su criminal debilidad creyese tener poder para darme la libertad, á pesar de conocer la injusticia y sin razón, según él manifestó. De las prisiones de Tegucigalpa me sustrajo el mismo Vásquez la noche del 14 del corriente. Para esto usó de todas las formalidades que los tiranos déspotas acostumbran cuando tratan de inspirar terror á sus víctimas. Nada omitió. Traído á su campamento, por otra humorada de bandido, me ofreció la libertad de venir á. incorporarme con los defensores del pueblo, esperando que no aceptara este ofrecimiento. ¡Desgraciado! En su vanidad cree que todos renuncian en su presencia hasta de su condición de hombres.

¡Vana ilusión!

Domingo Vásquez: he venido á formar en las filas de los abnegados patriotas que al mando del Jefe del Partido Liberal, Doctor don Policarpo Bonilla, luchan por conquistar la libertad y los derechos del pueblo hondureño. Ya has comenzado á sentir el empuje victorioso de sus armas. En tu necia presunción desprecias las iras del pueblo que has entregado á la matanza para favorecer tus ambiciones. Tiembla, porque la hora llega. Te debemos pedir estrecha cuenta de tu salvajez. El pueblo te ha juzgado y sentenciado, y su fallo es inapelable. Espera, espera.

Y tú, Rosendo Agüero, nefanda oscuridad, piensa en lo que has sido y eres al presente, y medita en lo que te espera para el porvenir. ¡Desdichado! me inspiras lástima.

Hondureños: ¿Podéis continuar indiferentes á los infortunios de la patria?

Escoged: ó viles instrumentos de Vásquez renunciando al hogar, á la madre, á la esposa y al hijo; ó libertad para nosotros y cuanto nos es querido. Si lo primero, idos con Vásquez. Si lo segundo, venid con nosotros donde os esperan miles de hombres dispuestos a dar la vida por nuestras instituciones y libertades.

Con los últimos encontraréis á vuestro amigo.

Juan A. Arias.

Tatumbla: 15 de marzo de 1893.

LA BATALLA CONTINÚA

En el número anterior intitulamos nuestro artículo "El fin de la batalla porque creímos que el General Vásquez tendría vergüenza de estar combatiendo durante trece días hasta con un grupo de revolucionarios armados de garrotes, como él dice, y estaría ya decidido á tomar por asalto nuestros atrincheramientos. Pero nos equivocamos, como se verá en el curso de esta relación, que dejamos interrumpida por falta de espacio cuando íbamos á referirnos al combate que creíamos decisivo.

El día 11 á las 8 a. m., dos cañonazos del enemigo dieron la señal de un ataque general á la vez contra todas nuestras posiciones.

Descendiendo de la altura sobre el pueblo, el enemigo llegó á ocupar una casa á media falda, que muchas veces ha tenido y perdido en otros combates; y haciendo desde allí y de otras varias posiciones un nutrido fuego, quiso bajar al asalto de las trincheras defendidas por la fuerza del General Sierra; pero en sus varias intentonas fué rechazado, conformándose después con un tiroteo á distancia. No obstante, tuvimos que lamentar la muerte del joven Ramón Larios, de El Paraíso.

Para el ataque á nuestra posición central, el enemigo asaltó primero nuestros puestos avanzados al Oriente. El más saliente de éstos lo defendían el Comandante Juan Hernández, de Texiguat, y el Capitán Justo Hernández, quienes resistieron durante media hora con el heroísmo que caracteriza á los hijos de ese pueblo; pero, agobiados por el número y flanqueados por ambos lados, el Comandante ordenó á sus soldados la retirada, quedándose los últimos, él y el Capitán. Fue herido el Comandante en esos momentos, y no queriendo caer vivo en manos de enemigos cuya ferocidad conocía, suplicó al Capitán le matase, lo que ya no tuvo tiempo de hacer, ni aun de quitarle el Winchester. El enemigo, como él lo presentía, le acabó de matar á bayonetazos, según pudo verse al recoger al día siguiente el cadáver para enterrarlo con los honores militares.

El Capitán Hernández se unió á su fuerza, y después de corta resistencia en el segundo puesto atrincherado se replegó al campamento principal, cargando con tres rifles que dejaban sus soldados. Media hora dilató el combate contra esos puestos, y apoderándose de ellos el enemigo, se colocó á distancia de unas 150 varas de la extremidad Sudeste de nuestro campamento central.

Varias cargas dió el enemigo, hasta llegar á distancia de cien pasos; pero como vigorosos fueron los ataques, vigorosa fué la resistencia. Entre las 8 y las 9 de la noche hizo un supremo esfuerzo, y creyendo aprovecharse de la oscuridad, llegó hasta 40 ó 50 pasos de distancia de nuestras trincheras, pero iluminado el campo por bolas empapadas en aguarrás, encendidas, el enemigo se vió en un momento á descubierto, expuesto á nuestros fuegos; y para completar su pánico, al volver las espaldas, ó tratar de favorecerse tras los pinos, se le arrojaron bombas de dinamita á la vez que se le hacia un fuego nutrido de fusilería. En esos momentos el sargento Pablo López, de Intibucá, gritó: "Soy Texiguat, no me maten, vengo á presentarme", y se le permitió saltar la trinchera, entregando el rifle, cincuenta cartuchos y un cuchillo, con lo que probó no haber arrojado un sólo tiro contra nosotros. Se están aprovechando sus servicios, y es por consiguiente falso que se le haya ahorcado, como se asegura en el campamento enemigo. Los liberales á ningún prisionero matan. Ese privilegio queda hasta ahora á nuestros adversarios. Debemos hacer constar que el asalto fué resistido por el Estado Mayor al mando del General Archer, y por fuerza del primero y segundo batallones en la línea á cargo del Coronel Tirón.

Durante este mismo día, la fuerza al mando del General Tomé, junto con la columna destacada del centro al mando del Coronel Rosa, atacó por retaguardia al enemigo. Esas fuerzas se dividieron en tres columnas de ataque, quedando la auxiliar en reserva. Una de esas columnas, al mando del Coronel don Miguel O. Bustillo, á la cual se unió definitivamente don Pedro H. Bonilla, después de recorrer toda la línea de batalla, tomó el camino más largo hacia la derecha; la otra, al mando del Coronel Rosa, por el centro, y la otra, al mando del General Dávila, por la izquierda. La del centro, apoyada por los fuegos de las otras, se apoderó de la primera trinchera enemiga, y las otras dos avanzaron hasta distancia de 80 á 100 pasos de la tienda del General en Jefe Vásquez. Si la reserva de caballería hubiese apoyado nuestra derecha y retaguardia como se le había ordenado, y el refuerzo de infantería enviado hubiese llegado tiempo, el enemigo no hubiera podido flanquear y casi encerrar nuestras columnas, y el tren, una pieza de artillería, y tal vez los mismos Generales enemigos, habrían sido capturados, pues tuvieron que empeñar en la defensa su cuerpo de Estado Mayor. Rechazadas nuestras columnas de ataque, tomaron posiciones ventajosas en las alturas inmediatas. En este ataque apenas tomaron parte unos cincuenta hombres de los nuestros.

Durante el día 11 el enemigo arrojó contra el campamento central 38 bombas, y contra la fuerza de ataque á la retaguardia 17.

El día 12 continuó el tiroteo con flojedad, porque, según se supo después, el enemigo estaba preparando su retirada. Arrojó 3 cañonazos á retaguardia, pero ya en fuga con la pieza.

Las pérdidas sufridas fueron, además de Larios, Cirilo García, de Aramecina; y heridos Camilo Lagos, de Güinope; Julio Fonseca, Alejandro Ortega y Demetrio Martínez, de Tatumbla; Rafael Soto, de Cantarranas; Juan Vicente García, de Tegucigalpa; Fernando Rivas, de Juticalpa; Regino García y Domingo Ponce, en el campamento central; Olegario Flores, de La Libertad, en el pueblo, y Romualdo Figueroa, de Tegucigalpa, y Bartolomé Vásquez, en el ataque por retaguardia.

El enemigo tuvo la vergüenza de abandonar un campo que no había podido sostener, y de desfilar para su antiguo campamento, á vista y bajo las burlas de nuestra fuerza, aunque fuera del alcance de nuestros fuegos. Puede ser que el inmoderado y mal fundado orgullo del General Vásquez vaya decreciendo con tantos golpes sufridos.

NÚMERO 8

Tatumbla:18 de marzo de 1893

FRUTOS DE LA INCONSECUENCIA

Publicamos en seguida la manifestación del Licenciado don Fausto Dávila sobre los motivos que le han obligado á pasar del Gabinete al campo de la revolución. Otro fruto de la inconsecuencia del señor Agüero; pues el señor Dávila como el señor Arias, aceptaron las Carteras solamente porque el depositario de la Presidencia les declaró que su solo objeto era la paz, y nunca combatir al Partido Liberal, en el cual debía apoyarse. Faltó á su palabra; y como hombres dignos y consecuentes, se separaron de un Gobierno que ya no tenía razón de ser, y resolvieron ocupar su puesto en las filas del Partido Liberal, en que siempre han militado, y cuya causa es hoy á los ojos de todo el pueblo hondureño, de todo Centro-América, la causa santa de la salvación de Honduras.

Hondureños:

Después de haber puesto mi renuncia como Secretario de Estado en los Despachos de Instrucción Pública y Justicia: después de haber dirigido al Presidente Agüero una carta interesándolo por la admisión de dicha renuncia, y manifestándole que no quería ni debía seguir en el Ministerio: después de los atropellos en la persona de mi colega y amigo el Doctor don Juan Ángel Arias, resolví venirme al campamento de la revolución. Estoy aquí en unión de los míos y dispuesto á correr una misma suerte.

Mi conducta en el Ministerio está al alcance del señor Presidente Agüero y de todos y cada uno de los revolucionarios, no creyendo estos últimos, ni por un momento, que yo podía estar al servicio de una causa distinta y mucho menos contraria á la que ellos sustentan con legítimo orgullo--la redención del pueblo hondureño. No podía esperar otra cosa de los hombres que siempre han dado pruebas de honradez y de ser unos é indivisibles en su objeto legítimo, santo y patriótico de reivindicar los derechos del pueblo, que de mucho tiempo atrás vienen siendo patrimonio exclusivo de los que en mala hora y para desgracia de la patria tienen todavía la dirección de la política y de la administración del país.

Ojalá se convenzan nuestros contrarios, no de la justicia de la causa que sustentamos, porque esa está en la conciencia de todo centroamericano, sino del poder efectivo de la revolución. Así se economizaría la sangre de tanto valiente para emplearla toda entera en el servicio de la patria, así en la paz como en una guerra internacional, que no debemos esperar, porque el Partido Liberal en el Poder trabajará sin descanso por la paz y por la tranquilidad de Centro-América.

Estamos en vísperas de celebrar el triunfo de la revolución, que será la unión y concordia de todos los elementos sanos que queden después de la matanza injustificable que ha comenzado en este pueblo y que de seguro aquí concluirá. Nuestra conciencia está tranquila, pues hemos obtenido el triunfo moral que justifica la revolución ante propios y extraños.

Hondureños: soldados de la revolución liberal: nos hemos colocado en un terreno del cual no podemos retroceder: si triunfamos, trabajaremos sin descanso por la paz y por el engrandecimiento de nuestra patria; y si sucumbimos, dejaremos á la posteridad un legado de honra y de valor.

¡Viva la revolución!
F. Dávila.
Tatumbla:18 de marzo de 1893.

CONTINUAMOS EN BATALLA

Después de su derrota del 13, el General Vásquez no se ha atrevido á destacar fuerzas contra nosotros, y se ha limitado á bombardear nuestras posiciones y á disparos de rifle cambiados á larga distancia. Está encerrado en su campamento de la altura, en el cual ha resuelto cambiar de sitio su tienda de campaña, para ponerla fuera del alcance de nuestros rifles Level, que buenos sustos han causado personalmente á él y á todos los jefes enemigos, y bastantes daños á su ejército. Después de la acción de los días 11 y 12 se recogieron ocho cadáveres de enemigos y se encontraron muchas más sepulturas y ceniceras de montones de cadáveres quemados.

Buenas razones deben tener el General Vásquez para no atacarnos, pues en su correspondencia última con el señor Agüero le ha confesado que, mientras no le mande refuerzos, se halla en impotencia para vencernos. Y esto lo confesaba antes dc incorporarse á nuestro ejército la fuerte columna del General Bonilla. Pero, si él no trata de poner término á esta situación, le atacaremos nosotros en su propio atrincheramiento. No es el primer combate en que de ellos se les desaloja. Para explicar la prudencia del enemigo, basta hacer notar que al paso que nuestra fuerza armada se ha doblado, la de nuestros adversarios ha quedado reducida á menos de la mitad.

Viendo la inmovilidad del enemigo, por nuestra parte se resolvió hostilizarle hasta sobre sus posiciones. Con tal fin se destacó una pequeña columna al mando del Coronel Rosa, el 15 del corriente, con la cual llegó en exploración hasta distancia de unas 300 varas de los atrincheramientos enemigos situados en La Calera. E1 16 volvió à salir en expedición, pernoctó en el Hato de Enmedio, distante tres cuartos de legua de Tegucigalpa; y al día siguiente avanzó sobre la capital hasta La Cruz Larga, á vista de la población; y á su regreso trajo prisioneras de cuarenta á cincuenta mujeres que conducían al campamento enemigo varias cargas de éstas. También una de sus avanzadas detuvo al Coronel Santiago Pereira, que iba á reemplazar en Tegucigalpa al Coronel Figueroa, y caminaba con dos asistentes y quince hombres. Pereira al principio ofreció rendirse; pero en seguida quiso hacer uso del revólver, y los soldados, viendo amenazado al oficial, dispararon sobre Pereira, quedando éste muerto en el acto. Fueron tomados los dos asistentes armados de rifle Remington. Pereira portaba un Winchester. En seguida fueron capturados ó dispersados los otros quince soldados, quitándoles q rifles, y se tomó también el de un sargento que conducía diez hombres del campamento enemigo, desarmados, para Tegucigalpa. Todos los mencionados se encuentran presos en nuestros campamentos, sirviendo con su trabajo personal, pero con garantía, al menos por ahora, de su vida; á menos que continúe el enemigo en su infame conducta y nos obligue á las represalias.

El enemigo se enfurece porque todos los pueblos reciben nuestro ejército con los brazos abiertos y huyen del suyo como de la peste, sin fijarse en que es consecuencia natural de la conducta devastadora que el enemigo observa, en contraste manifiesto con el respeto á la vida y á la propiedad que practicamos nosotros.

Volviendo á las operaciones del enemigo, diremos: que el día 13 arrojó el enemigo 3 proyectiles sobre el pueblo y 5 sobre el campamento central: el 14 cuatro al mismo campamento, dos el 15 y dos el 16, éstos sobre el pueblo. El 17 arrojó 7 sobre el pueblo y 5 sobre el centro. El 18 arrojó 8 proyectiles sobre el pueblo y hoy 6 sobre el centro. Nuestra fuerza está penetrada de que el cañón sólo ha hecho daño cuando nuestra fuerza ha cometido graves imprudencias, y recibe con gritos de burla las descargas baldías del catión enemigo. De seguro sólo los artilleros de éste han recibido más daño de nuestros rifles Level que toda nuestra fuerza de su cañón.

SUELTOS

Rectificación. —Nos la pide nuestro excelente amigo Doctor don Pedro H. Bonilla, por haberle llamado Coronel en nuestros números anteriores. El señor Bonilla, aunque el organizador y jefe de la columna venida de los pueblos fronterizos al Salvador, declara que siempre quedará hombre civil. No obstante, continuará sirviendo en nuestro ejército con tal grado, que tiene bien merecido, aunque al triunfar la revolución volverá á la vida civil.

Prevención. —Se tiene noticia de que algunos individuos que voluntariamente se han presentado á las filas del Ejército Liberal, se han ido llevando algunas bestias y cometiendo abusos en su marcha. La revolución liberal no los ha autorizado para tales abusos, y declara que á su tiempo los hará responsables por su conducta. La revolución batalla por implantar en Honduras el orden y la libertad, y no patrocina ni tolera abusos ni desórdenes: ténganlo entendido los que á la sombra de ella pretendan ampararse.

Se encarga á las autoridades civiles y militares que capturen á los individuos que lleven armas ó bestias sin pasaporte de uno de los jefes expedicionarios de la revolución, y los ponga á disposición del jefe expedicionario más inmediato.

Hoy recibió el Doctor Bonilla, por la vía de Langue, telegramas de los Presidentes Reina Barrios y Ezeta, en que aseguran su propósito de no intervenir absolutamente en nuestra actual contienda. Ténganlo entendido los pueblos, á los cuales se pretende hacer creer que el llamado Gobierno de Agüero, ó mejor dicho de Vásquez, espera miles de hombres de El Salvador y Guatemala en su auxilio. En el próximo número publicaremos esos telegramas.

Cada día pierde terreno el falso Gobierno ante la opinión pública. De todas partes recibe la revolución auxilios y refuerzos y muestras de simpatía, con ruegos de concluir pronto con la tiranía, que ya no pueden soportar.

Yoro. —Este departamento, después de tomado por los liberales el cuartel el 6 del corriente, se ha pronunciado por entero en favor de la revolución. A la fecha la Costa Norte debe estar de cuenta de la misma.

Rasgos espartanos. —El día que murió Miguel Ramírez, de Tegucigalpa, preguntó el Doctor Bonilla si tenía madre, y al contestarle afirmativamente, mostró su compasión por esa madre. Estaba presente Felipe Ramírez, el menor de tres hermanos de Miguel, y dijo: "No compadezca á mi madre: cuatro hijos somos; ella nos mandó, y si otros cuatro tuviera, á todos los mandaría. Mi hermano ha muerto: no importa: á eso hemos venido todos". Y no se le vió derramar una lágrima.

NÚMERO 9

Tatumbla: 23 de marzo de 1893

Cumplimos nuestro ofrecimiento hecho en el número anterior, de publicar los telegramas cruzados entre el Doctor Bonilla y los Presidentes de Guatemala y El Salvador, que demuestran la verdad que hemos afirmado: no habrá intervención de ningún Gobierno vecino en nuestra contienda, porque nadie tiene derecho á dudar de su sinceridad, principalmente siendo esa política el único medio de impedir la guerra centroamericana.

TELEGRAMAS IMPORTANTES

Güinope: 20 de febrero de 1893.
Señores Presidentes de Guatemala, El Salvador, Nicaragua y Costa Rica.

Al tomar el Poder, aunque temporalmente, el señor Agüero, todos los hondureños pensamos que la paz fácilmente se establecería. Así lo demuestra la correspondencia cruzada entre él y yo; y sin embargo aun no puede concluirse un arreglo, porque nos hemos convencido de que el General Vásquez es quien manda, y trata sólo de desarmar la revolución para adueñarse del Poder, según documentos fehacientes. En Tegucigalpa impera el terror, que Agüero sólo sería incapaz de autorizar. Quiero se sepa la causa de la guerra si continúa, y no se olvide que la solución pacífica interesa á la paz de Centro-América. Agüero es casi generalmente considerado como un prisionero. --Su afectísimo.
P. Bonilla

Telegrama N.° I. —De Palacio, Guatemala: 3 de marzo de 1893. —Recibido en Pasaquina, á las 7 y 15 p. m. Don Policarpo Bonilla. Güinope.

Hoy he recibido el parte de Ud., que contesto como centro-americano. No dudo de las desgracias de Honduras destrozado por la guerra civil. En las conversaciones que aquí tuve con Ud. recordará que le manifesté que estaba resuelto á no intervenir en las cuestiones de otros países, y así continúo estando.

Ustedes aclararán entre sí las cuestiones de su patria, y ojalá que cesen las calamidades de que es víctima. Respecto de lo que me dice sobre la paz, no puedo más de manifestar que yo sabré mantenerla en Guatemala. —Su afectísimo. —J. M. Reina Barrios. —Es auténtico.
Aparicio Sosa.

Telegrama de Casa Presidencial: marzo 4 de 1893.- Recibido en Pasaquina, á las 10 y 30 a. m.

Señor Doctor Policarpo Bonilla. —Güinope.

Su telegrama fechado en 20 de febrero último vino á enterarme de la situación de esa República hermana. Al referirme á su citado telegrama no puedo menos que deplorar sinceramente la aflictiva situación de los hondureños envueltos, según hechos que relaciona, en la anarquía. Cualquiera que sea el giro que tomen los sucesos que motivan su comunicación, debe estar seguro de que yo, como Gobernante de El Salvador, no haré más que seguir la política de no intervención que he venido sosteniendo desde la inauguración de mi Gobierno, dedicando mis esfuerzos á conservar el orden interior y labrar por todos los medios posibles la felicidad de mi patria. Como al logro de mis aspiraciones contribuye la paz de los pueblos centro-americanos, trabajaré siempre en favor de ello, sin salir jamás del programa que arriba le he indicado. -Su afectísimo. C Ezeta. —Es auténtico. —Aparicio Sosa.

DOCUMENTOS JUSTIFICATIVOS

Güinope: 24 de febrero de 1893.
Señor Presidente, Licenciado don Rosendo Agüero.
Tegucigalpa.

Mi estimado amigo:

Recibí su apreciable de fecha de ayer.
Bastante sorprendido con su telegrama de hoy, en que me dice que Agurcia y Fortín no le habían indicado nada sobre las garantías exigidas por mí para el arreglo, cuando recibí su carta en que me dice que se lo manifestaron. En verdad debe haber sido así, porque al presentarles yo los peligros y dificultades que Ud. conoce, porque se los he expuesto con franqueza, de ellos nació concretar los medios de garantizar á la revolución, al país y á Ud. mismo, contra tales peligros. Los cuatro me aseguraron que creían à Ud. tan identificado con el Partido Liberal y la revolución que sostiene, que de seguro no vacilaría en poner en sus manos las armas para sostener el Gobierno

que preside contra cualquier tentativa de restauración, de imposición exterior ó de conquista. Les contesté que si tal era su disposición, considero seguro el arreglo de la paz; mas no considerando al telégrafo ni al correo suficientemente discretos, les encargaba á los que allí iban, tratar verbalmente con Ud. eso, y le explicasen la razón de mi insistencia sobre la entrevista, que es el ser el único medio de entendernos como verdaderos amigos que somos, compatriotas, como liberales y como hombres honrados. Viéndonos, Ud. me explicaría su verdadera situación; y así como hemos buscado con sus Comisionados, buscaríamos con Ud. juntos el medio de dejarla clara, limpia, digna de Ud. que la va á soportar y de mí que ayudo á crearla.

Como Arias me dijo en un telegrama, antenoche, que estaba autorizado por Ud. para ofrecerme garantías en el sentido insinuado por los Comisionados, á juzgar por su carta anterior, he llegado á pensar que en ese sentido le ha dado amplias instrucciones y medios de hacer efectivo inmediatamente el convenio en lo que tenga de urgente.

En mis primeras bases no había concretado nada sobre este punto, tanto porque entonces no estábamos en armas, como porque dejaba á elección de Ud. ó del que recibiera el depósito, identificarse ó no con el Partido Liberal, con tal que se removiesen todos los empleados anteriores, sustituyéndolos con personas de confianza general. Mas esa sustitución hoy debe pactarse ya en concreto, por ser cuestión de actualidad y medio de anular los peligros á que he hecho referencia.

En cuanto á la renuncia del señor Leiva, considero á todos interesados para que no convengamos en algo sobre ese punto, que asegure su presentación en corto término y lo que debe hacerse si falta.

Todo lo que he hablado es bajo el supuesto de que Arias me traerá la intimidad de su modo de sentir; y que en ella encontraré la reprobación de todos los actos de salvajez que en esa población se están cometiendo, tales que me hacen temer hasta por la seguridad de mi madre, á quien han comenzado á hostilizar con policías que vigilan su casa. Temo por la seguridad de otras personas de mi familia y de mi cariño, que también 1º son para Ud., y supongo no puede protegerlas. Temo por todos mis amigos, á quienes se maltrata horriblemente, como no lo hizo el mismo Bográn. No me extraña, porque el General Vásquez me ha declarado á mí, él mismo, que cree que en Honduras sólo se puede mandar con el garrote, inspirando terror. Felizmente, para comprobar la justicia de mis temores manifestados con tanta antelación, se ha descarado el General Vásquez á tiempo. Ud., como hombre honrado, no puede aprobar eso, y menos cuando las víctimas son aquellos que han creído ver en Ud. á su salvador.

Una palabra de Ud. de reprobación de esos escándalos, ó dicha en su nombre en este campamento, es necesaria para tranquilizar á más de 300 hijos de ese pueblo que hay aquí, y que tienen en peligro allí á sus familiares, á sus amigos, y la perspectiva para ellos y para todos los hondureños, de la cárcel, el palo y el patíbulo. Sin seguridades contra ese porvenir no me atrevo á pactar la paz; pero Ud. tampoco podrá dejar de darlas, por exponerse á llenar de luto á más de trescientas familias sólo de ese lugar, cuyas maldiciones oiría Ud. diariamente y le llevarían al estado en que quedó Leiva, aunque lo mereciese sólo por dejar hacer.

En estos momentos sabe el General Reina, que ya sabrá Ud. es mi segundo en el mando de las fuerzas, que su hijo Antonio Mejía está preso y amenazado de palos. ¿No ve Ud. en este paso el propósito claro de imposibilitarme para tratar la paz, creándome la justa oposición de ese jefe y de todos los que creen en peligro á sus familiares y amigos?

Usted ha insinuado la idea de que sería un interés personalísimo el que me retrajera de arreglo de paz (10 relativo á Vásquez); pero hoy no puedo decirlo ya porque se trata de salvar el fruto de tan larga lucha; y si con la guerra hubiéramos de fracasar, con gusto hacemos de antemano el sacrificio de nuestra vida, por tal de no ser cómplices en la creación de un régimen peor que el que hemos venido combatiendo.

Pero felizmente mi confianza en la honradez y energía de Ud. es sin límites, y espero que Ud. salvará á su país.

He dado una prueba más de que no me guía interés personal; autoricé á sus Comisionados para proponer mi salida y la del General Vásquez del país (por ejemplo, mientras se elige nuevo Presidente), como solución á la dificultad; y tenga seguridad de que por mi parte no tendría inconveniente en salir del brazo con él como amigo particular. El sacrificio que de él exijo en bien del país, es el mismo que yo estoy dispuesto á hacer, y no puede quejarse.

Febrero 24. Por la llegada de sus Comisionados Arias. Dávila y López, suspendí esta carta. La termino convencido de que es va inútil toda tentativa de avenimiento entre Ud. y sus mejores amigos. Ligeras modificaciones se han hecho á las bases que Ud. les dió, excepto en lo que á garantías se refiere; y éstas, teniéndose buena fe é intención de cumplir de parte de Uds., no pueden justificar una guerra que Ud. con razón ha calificado de insensata, pues ciertamente lo es de parte de Ud., al sacrificar un país á un hombre, que hará de Ud. lo que hizo del anciano Leiva.

Páselo bien, cuanto le sea posible, y mande á su afectísimo. -P. Bonilla.

ALGO SOBRE LA BATALLA

En los días 19 y 20 el enemigo continuó en su inmovilidad, limitándose el primero de esos á lanzar al pueblo 6 proyectiles. El 20 recibió el enemigo un refuerzo que debió ser de 500 hombres, pues esos salieron de Copán, Gracias é Intibucá; pero por la deserción le llegaron menos de 300. Con ese motivo hizo grandes evoluciones, como para engañar á niños; y colocó uno de los cañones en la altura, al Noreste de nuestro centro, único punto que le faltaba por ensayar. Con las dos piezas lanzó 21 proyectiles sobre nuestro centro y 17 sobre el pueblo. Parecía que preparaba un ataque general, pero no logró engañarnos. Tuvo que reconcentrarse, al ver que nuestras fuerzas no se movieron de sus posiciones y no le dejaban el campo libre para ocupar la montaña de Azacualpa, para donde ha destacado fuerzas por la vía del Cerro de Hule, que en estos momentos (las 10 p. m.) deben encontrarse frente á frente de las columnas del General Bonilla y del Coronel Rosa. Probablemente, si no ahora, al amanecer se empeñará entre ellos el combate, que quizá se haga general, cuyo resultado, como siempre, lo esperamos favorable á nuestra causa, á pesar de la constante superioridad numérica del enemigo.

NÚMERO 10

El Picacho (sobre Tegucigalpa): 30 de marzo de 1893

FIN DE LA BATALLA EN TATUMBLA

El día 23, el enemigo subió á la montaña de Lisopo, á donde por una incidental demora no pudo llegar primero el Coronel Rosa con el fin de esperarlo en un desfiladero, donde de seguro lo habría deshecho por completo.

El 24 se empeñó el combate entre las fuerzas al mando del General Vásquez sobre la montaña y las del General Bonilla. Después de muchos incidentes, en que nuestras fuerzas perdieron y recobraron varias veces sus posiciones, quedaron definitivamente dueñas de ellas y el enemigo rechazado. Durante ese día el enemigo arrojó dos proyectiles sobre nuestro centro.

El día 25 se empeñó de nuevo el combate en la montaña. Fué encarnizado, pero como á las dos de la tarde, á consecuencia del pánico que produjo en la pequeña fuerza que defendía el plan del Matasano el fuego de cañón que hizo el enemigo, fuerza que no había estado nunca expuesta á él, se desbandó, á pesar de los esfuerzos del General Dávila para contener el movimiento. Esa fuerza llegó al campamento centra, y allí fué desarmada para poner los rifles en manos de los valientes que voluntariamente se ofrecieron á empuñarlas para ir á sostener el honor de nuestra bandera. El General Bonilla, quedando descubierto su flanco derecho y cortado con la fuerza del Coronel Rosa, tuvo que cambiar posiciones, ocupando las alturas inmediatas apoyando su retaguardia en los puestos avanzados que allí tenía colocados. Durante la noche hubo calma.

A la vez que se combatía en Azacualpa el 24, el Comandante don Secundino Valladares, destacado desde el 23 sobre la altura ocupada por el antiguo campamento de Vásquez, cerca del cerro de Uyuca, fue atacado por fuerzas superiores en número, pero las derrotó completamente. El 25 fué de nuevo atacado, y con un refuerzo que recibió del General Reina y otro del General Sierra, se logró rechazar al enemigo hasta dentro de sus atrincheramientos. En ambos combates sufrimos algunas bajas. Después publicaremos los nombres de los muertos y heridos.

Dirigió el enemigo el día 24, 5 cañonazos sobre el pueblo. El 25 sobre el centro 7 y contra el campamento del General Bonilla 9. El 26 sobre el pueblo 33 desde el Portillo, y sobre el centro desde Azacualpa 5, y 3 más del Portillo.

El 25, cansadas nuestras fuerzas de 32 días de batalla, pedían ir sobre Tegucigalpa, convencidas de que Vásquez no atacaría nuestras posiciones otra vez, y sus reclamaciones aumentaron el 26. Durante la tarde y la noche el enemigo atacó un puesto avanzado del General Bonilla, pero fué vigorosamente rechazado. En esa noche, á las 8, levantamos el campo, yendo á vanguardia el General Sierra, en el centro el Doctor Bonilla y los Generales Reina, Gutiérrez y Tomé y los hombres civiles de más importancia, en la retaguardia los Generales Bonilla y Dávila y la columna del Coronel Rosa. La marcha se hizo en el mayor orden y en silencio para dar un chasco á Vásquez, quien lo sufrió completo, Pues siguió cañoneando todas nuestras posiciones hasta la tarde del día siguiente.

El 24 por la noche llegó nuestro ejército á acampar en la altura del Picacho à tiro de rife de Tegucigalpa, sin que el enemigo se atreviese á impedirnos el paso, a pesar de haber llegado la cabeza de nuestra columna hasta las primeras casas de la ciudad. Era la intención atacar esa misma noche; pero dos noches sin dormir y una continuada marcha con gran rodeo para burlar á Vásquez, tenían abrumada de fatiga á nuestra tropa, y se resolvió tomar posiciones hasta el día siguiente, aun comprendiendo que esa demora daría lugar á la concentración de tuerzas enemigas. Era preciso mudar de táctica, y así se acordó.

Muy temprano del día siguiente, 28 de marzo, el General Sierra, á la cabeza de su columna, descendió de la altura sobre la explanada La Leona, después que el Coronel Rosa había desalojado del Picacho y de otra trinchera de abajo las fuerzas que el enemigo tenía avanzadas. Después de una media hora de fuego, la explanada fué tomada por asalto, con graves pérdidas de parte del enemigo, y menores de la nuestra. Al mismo tiempo el General Reina destacó un cuerpo de caballería á tomar la Casamata, donde había un gran depósito de pólvora negra y dinamita, de las cuales se trajo una gran cantidad para el servicio de nuestro ejército; y destacó también varias escuadras para apoyar el ataque.

A estas operaciones se limitaba por entonces la intención de los jefes, porque se calculaba con razón que Vásquez destacaría fuerzas á proteger la población. En efecto, cuando nuestras tropas llenas de entusiasmo penetraron en la ciudad y llegaron hasta la plaza de la Casa presidencial, se acercaban por varios caminos columnas enemigas de auxilio. Entonces se ordenó la concentración en La Leona, cuyo movimiento se ejecutó con el mayor orden. Llegados á dicha posición, se ordenó concentrarse de nuevo en el campamento del Picacho, porque se recibió noticia de que venía considerable ejército á atacarnos por el Oriente. El combate en esta altura se comenzó á las 4 p. m., con verdadero encarnizamiento por ambas partes; y aunque desalojado al principio de sus posiciones más avanzadas al General Bonilla, logró recobrarlas con una enérgica carga; y apoyado en seguida por la columna del General Sierra, y por algunas escuadras destacadas de la retaguardia, logró, entre las diez y las once de la noche, poner al enemigo en completa derrota, dejando miles de cartuchos, más de sesenta rifles y bestias, se capturaron cinco prisioneros y se encontraron más de treinta cadáveres del enemigo. Por nuestra parte tuvimos que lamentar en toda la jornada la muerte de nueve de nuestros compañeros, quedando heridos cerca de veinte. La derrota fué tan completa, que estamos seguros de que no volvieron á ver la cara de Vásquez más de sesenta á ochenta soldados de los 500 con que atacaron los Generales Villela y López. En los combates de La Leona y la ciudad el enemigo perdió, según informes fidedignos, más de veinte muertos y de cuarenta heridos. Por nuestra parte murieron tres y fueron heridos cuatro.

CONTENIDO

www.ingramcontent.com/pod-product-compliance
Lightning Source LLC
Chambersburg PA
CBHW072215150726